总主编
李安

乡村法律明白人

农村常见纠纷处理
法律100问

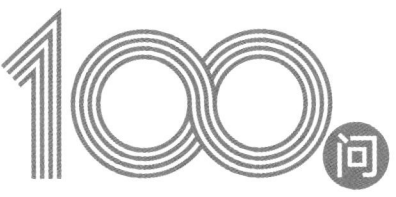

晋怡 / 著

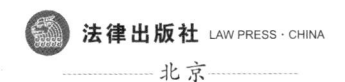

法律出版社 LAW PRESS·CHINA
北京

图书在版编目(CIP)数据

农村常见纠纷处理法律 100 问 / 晋怡著. -- 北京：法律出版社, 2024
("乡村法律明白人"系列 / 李安总主编)
ISBN 978 - 7 - 5197 - 7987 - 0

Ⅰ. ①农… Ⅱ. ①晋… Ⅲ. ①农村 - 民事纠纷 - 处理 - 中国 - 问题解答 Ⅳ. ①D925.1 - 44

中国国家版本馆 CIP 数据核字（2023）第 101655 号

| 农村常见纠纷处理法律 100 问
NONGCUN CHANGJIAN JIUFEN CHULI FALU 100 WEN | 晋 怡 著 | 策划编辑 朱海波
责任编辑 朱海波
装帧设计 汪奇峰 |

出版发行 法律出版社　　　　　　　　开本 A5
编辑统筹 法律应用出版分社　　　　　印张 8.75　　字数 280 千
责任校对 蒋 橙　　　　　　　　　　版本 2024 年 3 月第 1 版
责任印制 刘晓伟　　　　　　　　　　印次 2024 年 3 月第 1 次印刷
经　　销 新华书店　　　　　　　　　印刷 北京金康利印刷有限公司

地址：北京市丰台区莲花池西里 7 号（100073）
网址：www.lawpress.com.cn　　　　　销售电话：010 - 83938349
投稿邮箱：info@ lawpress.com.cn　　客服电话：010 - 83938350
举报盗版邮箱：jbwq@ lawpress.com.cn　咨询电话：010 - 63939796
版权所有·侵权必究

书号：ISBN 978 - 7 - 5197 - 7987 - 0　　　　定价：40.00 元
凡购买本社图书，如有印装错误，我社负责退换。电话：010 - 83938349

总 序

习近平总书记指出:"实施乡村振兴战略是关系全面建设社会主义现代化国家的全局性、历史性任务。"乡村振兴成为我国全面建设社会主义现代化强国进程中的重大任务,也是实现中华民族伟大复兴的一项重大战略。党的十九大报告同时指出要构建"自治、法治、德治相结合的乡村治理体系"。

我国面向乡村基层长期开展普法工作,至今已经步入第八个五年规划,经过不懈努力,乡村广大群体的法治意识在社会经济腾飞的同时也有了巨大的提升,但随着社会的不断发展,就大多数乡村公民而言,所具备的法治素养尚无法满足新时代的发展需求。乡村的主体是农民,乡村振兴的主要主体也是农民,实施乡村振兴战略关键是要调动广大乡村农民的主观能动性和创造性,引导乡村农民知法、守法、依法办事,这需要乡村农民群体具备必要的法律知识。

我国于2021年颁布《乡村振兴促进法》,为乡村振兴战略提供了实施的法律依据,推动出台满足乡村振兴战略发展需求的新政策和新法规,在此基础上我国乡村振兴法律体系得以初步构建并逐步完善。首先，乡村振兴的相关法律具有分散性。乡村振兴法律体系中的大部分具体法律知识散落于各部单行法律之中，并没有集中在一部统一的法律中。其次，乡村振兴法律体系具有系统性。随着全面依法治国的逐步推进，我国法律体系日趋完善，乡村振兴法律体系日渐成型，呈现系统性特征，原因在于一个完善的乡村振兴法律体系是国家治理体系和治理能力现代化的重要标志，是一项系统工程，不仅包含现代化的法治理念，也是体现新时代特征的治理模式。另外，构建系统的乡村振兴法律体系能够满足不同阶段、不同形态的发展需求，为乡村振兴的未来发展提供充分的制度空间。最后，乡村振兴法律内容具有全面性。乡村振兴战略涵盖产业发展、人才支撑、文化繁荣、生态保护、组织建设以及城乡融合等多方面，因此单一法律显然无法面面俱到，只能在既有法律体系的基础上突出乡村发展的特色和原则。

乡村振兴法律规范的分散性影响了广大乡村基层群体便捷地获取日常所需的法律知识，尤其是乡村发展切身相关的法律知识。乡村农民往往只能在生产生活中通过普法活动、媒体宣传等有限渠道进行碎片化了解或学习，因而出版一套包含乡村振兴法律知识体系的通识性读本有充足的必要性。本系列丛书注重内容的实用性与法律的准确性，在内容上涵盖产业、土地、生态、生产资料、基层组织等方面，能够更好地帮助乡村基层群众在推进乡村振兴战略的过程中获取必要的体系性、通识性政策与法律知识，从而提升乡村农民的法治认知水平。希望本丛书有助于推进乡村治理的法治化、现代化，指导和帮助乡村农民提升法治素养，学会优先依靠法律开展生产、从事经营、保护自身合法权益;有助于促进法治在乡村振兴发展中发挥作用,从而适应当前的新形势和新发展;有助于推动乡村治理的依法建设,使法治为乡村振兴战略保驾护航,真正落实科学立法、严格执法、公正司法和全民守法的新时代法治基本要求,实现高质量发展,促进共同富裕。

李 安

杭州师范大学沈钧儒法学院教授、博士生导师

教育部青少年法治教育中心主任

浙江省法治教育研究中心主任

中国行为法学会法律风险防范研究会副会长

目 录

第一章 婚姻家庭问题

01 | 赠与、彩礼、借婚姻索取财物有什么区别？ ………… 3
02 | 个人财产炒股的收入是夫妻共同财产吗？ …………… 5
03 | 离婚后是否还承担夫妻共同债务？ …………………… 8
04 | 拆迁所得是否属于夫妻共同财产？ …………………… 10
05 | 协商好的抚养费还能增加吗？ ………………………… 12
06 | 什么样的"分居"才算夫妻感情破裂？ ………………… 14
07 | 要离婚了，婚内财产约定还有效吗？ ………………… 16
08 | 什么样的债务认定为夫妻共同债务？ ………………… 18
09 | 无民事行为能力人能否协议离婚？ …………………… 20
10 | 人身损害赔偿款是夫妻共同财产吗？ ………………… 23
11 | 哪些是禁止结婚的疾病？ ……………………………… 24
12 | 离婚冷静期内，重归于好，能撤回离婚申请吗？ …… 27

13 | 登记在孩子名下的房屋,可以作为夫妻共同财产在离婚诉讼中进行分配吗? ………………………………………… 29

14 | 家庭生活中负担较多义务的一方,离婚时有权向另一方请求补偿吗? ………………………………………………… 32

15 | 已经离婚了,还有义务帮助另一方吗? ………………… 34

16 | 离婚后发现对方隐匿了共同财产,怎么办? …………… 36

17 | 子女可以提起否认亲子关系的诉讼吗? ………………… 39

18 | 没进行登记的"复婚"有效吗? ………………………… 41

19 | 受胁迫结婚的一方该怎么办? …………………………… 43

20 | 共同生活的姑姑算不算家庭成员? ……………………… 45

21 | 婚内继承、受赠的财产是夫妻共同财产还是个人财产? … 47

22 | 婚姻无效的情形有哪些? ………………………………… 50

第二章 赡养、抚养与收养问题

23 | 继父母可以收养继子女吗? ……………………………… 55

24 | 收养关系解除后,还需要向养父母支付生活费吗? …… 58

25 | 父母在什么情况下可以向子女主张赡养费? …………… 60

26 | 在什么情况下祖父母可以获得孙子女的抚养权? ……… 62

27 | 收养三代以内旁系同辈血亲的子女有什么特殊规定? … 65

28 | 什么是收养评估? ………………………………………… 67

29 | 对亲属的抚养和收养一样吗？ ····· 70

30 | 做收养人有什么限制条件？ ····· 72

31 | 监护人能直接送养未成年人吗？ ····· 75

32 | 什么情形可以解除收养关系？ ····· 77

33 | 孙子女需要赡养祖父母吗？ ····· 80

34 | 已满 14 周岁还能被收养吗？ ····· 82

35 | "AA 制"的夫妻能免除对对方的扶养义务吗？ ····· 84

36 | 未成年人在校造成他人损害，教育机构要担责吗？ ····· 87

第三章 继承问题

37 | 同一事件中无法确定死亡时间，如何推定死亡顺序？ ····· 93

38 | 法定继承人都包括谁？ ····· 95

39 | 儿媳、女婿有继承权吗？ ····· 97

40 | 继承人继承遗产的份额怎么确定？ ····· 99

41 | 非继承人能分得遗产吗？ ····· 103

42 | 自书遗嘱应符合什么要件？ ····· 106

43 | 代书遗嘱应符合什么要件？ ····· 109

44 | 打印遗嘱应符合什么要件？ ····· 112

45 | 不用本人书写的遗嘱有哪些？ ····· 115

46 | 遗嘱要为哪些人保留必要的遗产份额？ ····· 117

3

47 ｜ 什么是遗嘱的撤回、变更？ ················ 119

48 ｜ 什么情况会导致遗嘱无效？ ················ 121

49 ｜ 不履行遗嘱附有的义务有什么后果？ ········ 124

50 ｜ 遗嘱无效，遗产如何处理？ ················ 127

51 ｜ 为胎儿预留的遗产份额如何处理？ ·········· 129

52 ｜ 什么是遗赠抚养协议？ ···················· 131

53 ｜ 遗赠扶养协议与遗嘱冲突时，哪个优先？ ···· 133

54 ｜ 分割遗产时应注意哪些事项？ ·············· 135

55 ｜ 继承人要清偿被继承人的全部债务吗？ ······ 137

56 ｜ 遗嘱和遗赠有什么区别？ ·················· 140

57 ｜ 受遗赠人先于遗赠人死亡，遗赠的财产如何处理？ ···· 142

58 ｜ 私生子有继承权吗？ ······················ 145

59 ｜ 什么情况下会丧失继承权？ ················ 147

60 ｜ 哪些财产可以作为遗产？ ·················· 150

61 ｜ 未婚同居期间一方死亡，另一方能否继承遗产？ ···· 152

62 ｜ 出嫁的女儿能否继承父母的财产？ ·········· 154

63 ｜ 什么是代位继承？ ························ 156

64 ｜ 转继承与代位继承有什么区别？ ············ 158

65 ｜ 继承从什么时候开始？ ···················· 161

第四章 宅基地问题

66 | 宅基地能继承吗？ ······ 167

67 | 村民擅自在自家农田上建住宅有什么法律后果？ ······ 170

68 | 一户能有两处宅基地吗？ ······ 175

69 | 卖了自家宅基地，还能再申请新的宅基地吗？ ······ 179

70 | 宅基地使用权能否单独转让？ ······ 181

71 | 城镇居民能买农村宅基地吗？ ······ 183

72 | 城镇居民租用农村民房，最长可以租多久？ ······ 185

73 | 邻居家房檐滴水损害了自家房屋怎么办？ ······ 188

第五章 土地承包问题

74 | 进城落户后，能否继续承包土地？ ······ 193

75 | 妇女嫁到别的村，在原村承包的土地能否收回？ ······ 196

76 | 将承包的土地出租未进行备案，生效吗？ ······ 198

77 | 土地承包经营权转包和转让有区别吗？ ······ 200

78 | 土地经营权能担保进行贷款吗？ ······ 202

79 | 土地承包经营权互换必须进行登记吗？ ······ 204

80 | 土地流转后，承包方可以解除流转合同吗？ ······ 206

81 | 自然灾害致使承包地严重受损,承包方能要求调整承包地吗？ …………………………………………………… 208

82 | 家庭承包和以其他方式承包有什么不同？ ………… 210

83 | 土地承包经营权出租的收益,要分给村委会吗？ …… 213

84 | 承包土地要签订书面合同吗？ ………………………… 215

85 | 承包人死亡后征地补偿款可以继承吗？ ……………… 217

第六章　村民自治与选举问题

86 | 村委会换届选举,村民对选举名单有异议怎么办？ … 223

87 | 村民发现村干部候选人为了当选贿赂他人该怎么办？ … 224

88 | 能在两个村同时参加选举吗？ ………………………… 226

89 | 村民委员会、村民会议、村民代表会议有什么区别？ … 229

90 | 村民小组会议决定有 1/2 到会人员同意是否有效？ … 232

91 | 村委会没有公开重要事项,村民该怎么办？ ………… 234

92 | 村民的合法权益被村委会侵害怎么办？ ……………… 236

第七章　农村医疗问题

93 | 赤脚医生能在村里开诊所吗？ ………………………… 241

94 | 乡镇医院未及时抢救危重病人要承担什么责任？ …… 244

95 | 患者认为医疗机构存在"过度检查",该怎么办? …………… 246
96 | 不配合医疗机构进行传染病检验,需承担什么责任? ………… 250

第八章 农村特殊群体保护

97 | 农村留守儿童教育问题 …………………………… 257
98 | 父母打骂管教是否属于家庭暴力? ………………… 260
99 | "黄昏恋"小心变成"黄昏骗" ……………………… 263
100 | 常见养老诈骗骗局 ………………………………… 265

CHAPTER
1

第一章

婚姻家庭问题

01 赠与、彩礼、借婚姻索取财物有什么区别？

疑惑

张某和杨某是发小，成年后一直没有找到合适的对象，后经亲戚撮合，开始交往。2019 年，在双方父母的支持下，按照当地风俗习惯订婚，在订婚礼上张某奉上婚戒一枚，价值 2 万元。张某的父母也当众以现金形式送给杨某订婚彩礼 6 万元，杨某也收下了彩礼。订婚后，杨某父母又提出，按照当地的风俗习惯，女儿出嫁，男方还得给女方父母 20 万元，作为对女儿多年养育的辛苦钱。虽然不情愿，但为了能把杨某娶回家，张某父母给了杨某父母 20 万元。

结婚后，张某、杨某与公婆一同居住，在日常生活中，双方的生活习惯多有不同，性格也相差甚远，杨某不仅爱耍小孩子脾气，家务也很少做，张某什么事都听从父母的意见，父母也对杨某颇有意见，小两口儿经常为了生活琐事吵得不可开交。杨某一气之下搬回了娘家。在双方父母的干预下，两人的感情日益破裂，名存实亡的夫妻关系无法再维持，两人决定去民政局办理离婚手续。

面对离婚的局面，张某的父母提出，既然离了婚，婚前的婚戒、彩礼、养育费等均应退还。杨某则认为，这些都是婚前赠与，不需要返

3

还。请问：按照《民法典》的规定，赠与、彩礼、借婚姻索取财物如何区分？

解析

赠与，是指赠与人将自己的财产无偿给予受赠人，受赠人表示接受赠与的合同。赠与人在赠与财产的权利转移之前可以撤销赠与。彩礼，是我国的一种民间习俗，虽不值得提倡，但目前尚未被法律明文禁止。给付、收受彩礼其实也是一种特殊的赠与，是一种附条件的法律行为，出赠方（一般是男方）赠送彩礼的目的是与受赠方（一般是女方）结为夫妻，受赠方一旦接受了彩礼，即表示同意与出赠方结婚这一所附条件。如果给付彩礼后出现了双方未办理结婚登记手续、双方办理结婚登记手续但确未共同生活、婚前给付并导致给付人生活困难的情况，则彩礼应予返还。

借婚姻索取财物，是指婚姻当事人一方（或其父母等第三人）向另一方索要一定财物，以此作为婚姻条件的违法行为。该部分财物是收取方强行索要的，给付方一般不情愿给付，数额或价值也超过"彩礼"的合理范围。"借婚姻索取财物"的，一般应予返还，综上所述，2万元的婚戒是张某自愿赠与杨某的个人专用物品，不用返还；6万元订婚彩礼因为他们已经登记且共同生活了较长时间，不符合可以要求返还的情形；而20万元"养育辛苦钱"属于杨某父母借婚姻索取张某父母的财物，应予返还。

政策法律依据

《中华人民共和国民法典》

第一千零四十二条 禁止包办、买卖婚姻和其他干涉婚姻自由的行为。禁止借婚姻索取财物。

禁止重婚。禁止有配偶者与他人同居。

禁止家庭暴力。禁止家庭成员间的虐待和遗弃。

02 个人财产炒股的收入是夫妻共同财产吗？

疑惑

张某是理工男，金融专业硕士毕业，以炒股为业不上班，由于了解金融专业知识，运气也还不错，几年下来收入不少。后张某经亲戚介绍，认识了一名叫白某的女子，在白某热情主动的攻势下，他们很快就谈婚论嫁了。结婚前，张某把自己的资产分为几份：一份在结婚登记前赠与了自己的父母，用于父母日常开销和养老；一份留给自己继续炒股；还拿出一份交予未婚妻白某，用于购买婚房、汽车，并由白某进行财产管理。好景不长,婚后双方不仅性格不合经常吵架,二人也迟迟要不上孩子,总被父母唠叨。被日常琐碎折磨,二人感情逐渐破裂,就在白某提出离婚之后,张某才发现白某已经开始利用管理夫妻财产的便利转移财产。

张某决定和白某离婚,但白某提出要车要房,还要张某婚后炒股的盈利。而张某认为,炒股用的都是他的婚前个人财产,股票盈利也是他的个人财产,不是夫妻共同财产,白某无权分割。请问:婚姻关系存续期间,使用一方个人财产炒股的收入是夫妻共同财产吗?

解析

《民法典》规定,夫妻在婚姻关系存续期间所得的生产、经营、投资的收益,为夫妻的共同财产,归夫妻共同所有。《最高人民法院关于适用〈中华人民共和国民法典〉婚姻家庭编的解释(一)》进一步明确,夫妻一方以个人财产投资取得的收益属于夫妻共同财产,夫妻一方个人财产在婚后产生的收益,除孳息和自然增值外,应认定为夫妻共同财产。

上述案例中,如果张某的个人财产存在银行里,因此产生的存款利息在法律上叫孳息,个人财产产生的孳息也是个人财产。但张某把这些个人资产用来炒股,股票的增值利益是基于投资行为产生的,与孳息有本质区别,所以股票的增值部分是投资收益,即夫妻共同财产。另外,如果张某在婚前买入股票后一直未加操作管理,因此产生的股票增值部分应当视为一方个人财产的自然增值,属于夫妻一方的财产。如果是婚后通过股票交易所得的投资收益,属于夫妻共同财产。与"婚后炒股收益"是夫妻共同财产一样的道理,在婚姻存续期间,如双方没有约定,夫妻一方个人财产在婚后产生的收益,除孳息和自然增值外,一般应认定为夫妻共同财产。双方没有做过财产的约定,适用法定的夫妻共同财产制,白某有权要求分割张某婚后炒股的收益。

政策法律依据

《中华人民共和国民法典》

第一千零六十二条 夫妻在婚姻关系存续期间所得的下列财产,为夫妻的共同财产,归夫妻共同所有:

(一)工资、资金、劳务报酬;

(二)生产、经营、投资的收益;

(三)知识产权的收益;

(四)继承或者受赠的财产,但是本法第一千零六十三条第三项规定的除外;

(五)其他应当归共同所有的财产。

夫妻对共同财产,有平等的处理权。

《最高人民法院关于适用〈中华人民共和国民法典〉婚姻家庭编的解释(一)》

第二十六条 夫妻一方个人财产在婚后产生的收益,除孳息和自然增值外,应认定为夫妻共同财产。

03 离婚后是否还承担夫妻共同债务？

疑惑

王某与程某夫妻两人开办了一家美容公司，为了公司日常经营，两人向朋友张某借款 50 万元，借据没有写明还款日期，只约定了年息 4%，夫妻两人都在借款协议上签名确认。

美容公司生意红火，夫妻两人获利颇丰。但两人没有及时偿还张某的借款，而是把盈利用于投资房屋、车辆，提升生活质量，并且拿出大量的资金用来扩大经营规模，陆续开起了分店。后因摊子铺得太大，美容行业竞争激烈，各门店陆续亏损。

此时，张某因资金周转需要用钱，多次向夫妻二人催要借款未果后，将夫妻二人诉至法院，要求两人还本付息。殊不知，夫妻两人为了逃避债务，已经办理协议离婚，约定房屋、车辆等财产全部归妻子程某所有，50 万元(含利息)的债务由丈夫王某一人来偿还。在法庭上，王某表示自己愿意还钱，但没有偿还能力，可以每月还 1000 元，分期给付。程某则表示，两人已经协议离婚，对债务进行了分割，起诉的债务已经和自己没有任何关系。请问：王某、程某夫妻能否通过离婚逃避该笔债务？

解析

夫妻双方对夫妻共同债务负有连带清偿责任,基于夫妻身份关系产生的连带责任并不因身份关系的解除(离婚)而消失。一旦债务被认定为夫妻共同债务,无论是在婚姻关系存续期间,还是在夫妻离婚之后,夫妻双方都有共同偿还的义务,且权利人主张夫妻双方用于偿还债务的财产范围不限于离婚时分得的夫妻共同财产,对夫妻双方的个人财产也可主张。

夫妻共同债务的承担基础在于夫妻共同财产制及家事代理制度,就两个共同债务人内部而言,应该优先用夫妻共同财产来清偿夫妻共同债务。如果双方没有夫妻共同财产,或者夫妻双方约定过财产归各自所有,也应该协议清偿;协议不成的,由法院判决。也就是说,约定财产各自所有的夫妻离婚也不影响夫妻债务的清偿。

上述案例中,王某、程某在离婚处理共同财产时,虽然涉及夫妻共同债务的处理,但两人将婚姻关系存续期间所有的财产通过协议的方式划归程某所有,主观逃避债务的意思明显。两人通过离婚对共同债务的分担、对共同财产的分割,不对张某产生约束力。

政策法律依据

《中华人民共和国民法典》

第一千零八十九条 离婚时,夫妻共同债务应当共同偿还。共同财产不足清偿或者财产归各自所有的,由双方协议清偿;协议不成的,由人民法院判决。

04 拆迁所得是否属于夫妻共同财产?

疑惑

谢某与李某结婚7年后,谢某婚前出资购买的一套房屋要征收拆迁。他综合考虑后,决定选择货币补偿和产权置换相结合的补偿方式。评估下来,谢某一共获得拆迁补偿款300万余元。安置房屋,按照每名被安置人50平方米的申购面积,谢某和李某均为被安置人,合计可购置100平方米的安置房屋。谢某用获得的拆迁款300万元购买了一套面积为120平方米的安置房屋,价款80万余元;拆迁补偿款冲抵安置房购房款后,还获得货币补偿220万元。

李某认为安置房有自己的份额,属于夫妻共同财产,提出要把自己的名字写到安置房屋产权证里面,占该房屋50%的份额。谢某则认为,被拆迁的房屋是其婚前购买的,依法属于他的个人财产,所以安置房不属于夫妻共同财产,李某无权主张享有该房屋的份额。请问:婚姻关系存续期间,拆迁所得是否属于夫妻共同财产?

解析

如果是属于夫妻共同财产的房屋被拆迁,那么拆迁所得显而易见是夫妻共同财产。同理,如果是属于夫妻一方个人财产的房屋被拆迁,那么拆迁所得也应该是个人财产。但是,拆迁补偿安置是一个结合法律、政策、习惯等较为复杂的问题,不仅有财产形态的转化,还有一些特定的政策、福利等。一方婚前的房屋在婚后拆迁获得的拆迁补偿利益(补偿款或者安置房等),有时还包括对家庭人口的补偿,或者有部分款项是因家庭成员配合动迁而给予的签约奖励,再或是拆迁安置的房屋中考虑了家庭成员的存在,是以家庭为单位给予的补偿,由此获得的该部分补偿款应为夫妻共同财产,配偶方应享有一定的份额。

政策法律依据

《中华人民共和国民法典》

第一千零六十二条 夫妻在婚姻关系存续期间所得的下列财产,为夫妻的共同财产,归夫妻共同所有:

(一)工资、奖金、劳务报酬;

(二)生产、经营、投资的收益;

(三)知识产权的收益;

(四)继承或者受赠的财产,但是本法第一千零六十三条第三项规定的除外；

(五)其他应当归共同所有的财产。

夫妻对共同财产,有平等的处理权。

05 协商好的抚养费还能增加吗？

疑惑

杨某和邓某是夫妻,二人婚后有一子邓欢欢,后因双方性格不合,且邓某欠了很多外债,二人协议离婚,孩子邓欢欢由杨某抚养。由于邓某经济条件不好,无力抚养孩子,二人协商邓某每个月给孩子700元的抚养费,付到邓欢欢年满18周岁。两人调解离婚后,在征得邓某的同意后,邓欢欢改名为杨欢欢。

离婚时,家里唯一的房子也被邓某卖了偿还债务。后来,杨欢欢学习较为努力,考上了市里有名的初中,但母子二人相依为命,杨某也收入不多,无法负担孩子日益增长的上学花销。于是,杨某找邓某商议,想要邓某再多付一些抚养费。邓某振振有词,认为每月700元的抚养费是双方协商好的,不能反悔,负担不起学费可以不上学早点进入社会挣钱。杨某听后又气又恼,以杨欢欢的名义起诉邓某,要求他增加抚养费金额,用于杨欢欢的教育费用。请问:法院会支持杨欢欢的诉请吗？

第一章 婚姻家庭问题

解析

离婚后不抚养子女的一方，依然要履行抚养、教育、保护子女的义务。应当负担部分或者全部抚养费。

父母双方可以对抚养费的数额、支付期限、支付方式等进行协商，如果能协商一致，法院不予干涉，充分尊重当事人协商的结果。如果双方不能就抚养费的数额、支付期限等协商一致，则由法院依法判决。法院判决的抚养费至少包含子女的生活费、教育费和医疗费。抚养费的数额，根据子女的实际需要，父母双方的负担能力和当地实际生活水平确定，如果约定的抚养费远低于子女的正常生活和教育开销，可以判决增加。

政策法律依据

《中华人民共和国民法典》

第一千零八十五条 离婚后，子女由一方直接抚养的，另一方应当负担部分或者全部抚养费。负担费用的多少和期限的长短，由双方协议；协议不成的，由人民法院判决。

前款规定的协议或者判决，不妨碍子女在必要时向父母任何一方提出超过协议或者判决原定数额的合理要求。

06 什么样的"分居"才算夫妻感情破裂？

疑惑

霍某独自在一线城市打拼，到了待嫁年纪一直找不到合适的结婚对象。后经朋友劝说在婚恋网站上开始相亲，多次相亲后相中了青年王某，两人相谈甚欢便谈起了恋爱，不久后就步入了婚姻殿堂。但结婚后，王某不仅事业上不思进取，还偶尔赌博，霍某多次劝说无效，再也受不了王某，便离家出走，搬回了娘家居住，两人开始了分居生活。

几个月后，霍某到法院诉讼离婚，王某收到了诉状及传票，虽然王某没有出庭，但向法院表示不同意离婚，鉴于霍某是第一次起诉离婚，王某不同意，且王某没有应予离婚的重大过错，这一次，法院判决不准离婚。1年以后，霍某再次提起诉讼要求离婚，这次开庭王某出庭应诉。霍某主张，两人因感情不和分居至今，符合《民法典》感情破裂的情形，应当准予离婚。王某依然不同意离婚，且认为两人分居不到2年，不能离婚。请问：王某和霍某这样的分居情形，是否"应当准予离婚"？

解析

因感情不和分居满2年,以及经人民法院判决不准离婚后,双方又分居满1年,一方再次提起离婚诉讼的,应当准予离婚。

分居,从字面理解就是分开居住,但有的夫妻因为就业、学习等不在一个地方生活,这种地理意义上的夫妻异地居住并不一定构成分居。司法实践中所称的分居,实质上是以夫妻双方因为感情不和所致的不共同居住,以互相不履行夫妻义务为标志,如果双方虽然分开居住,但时不时一起过夫妻生活,一般也很难认定为"因感情不和而分居"。

上述案例中,王某和霍某分居的原因是感情不和,霍某第一次起诉经法院判决不准离婚后,双方又分居满1年,霍某再次提起离婚诉讼,属于应当准予离婚的分居情形。因此,霍某和王某这样分居的情形,应当准予离婚。

政策法律依据

《中华人民共和国民法典》

第一千零七十九条 夫妻一方要求离婚的,可以由有关组织进行调解或者直接向人民法院提起离婚诉讼。

人民法院审理离婚案件,应当进行调解;如果感情确已破裂,调解无效的,应当准予离婚。

有下列情形之一,调解无效的,应当准予离婚:

(一)重婚或者与他人同居;

(二)实施家庭暴力或者虐待、遗弃家庭成员;

(三)有赌博、吸毒等恶习屡教不改;

(四)因感情不和分居满二年;

(五)其他导致夫妻感情破裂的情形。

一方宣告失踪,另一方提起离婚诉讼的,应当准予离婚。

经人民法院判决不准离婚后,双方又分居满一年,一方再次提起离婚诉讼的,应当准予离婚。

07 要离婚了,婚内财产约定还有效吗?

疑惑

葛某离婚后,遇到了青春可爱的白某,经过1年多的交往,两人结婚了。结婚时,葛某有一套婚前购买的房屋,结婚后,白某对葛某说,现在住的房子从装修到家具家电,到处都有葛某前妻的影子,白某住着很不舒服。而且,葛某已经有了一套属于自己的个人房屋,白某没有安全感,白某希望两人能够签一份书面协议,约定如果婚内购买了房屋,该房屋归白某所有,这样万一以后两人离婚了,白某也有个落脚的地方。葛某听后理解白某的想法,也同意与白某进行婚内财产约定，于是双方签署了一份协议，约定新购买的房屋系两人共同出资购买，葛某自愿放弃该房屋的份额，该房屋产权归白某个人所有。

后因种种原因，两人感情破裂，白某起诉到法院要求离婚。但葛某认为是白某有外遇了才要离婚的，虽然没有白某出轨的证据，但是葛某越想越生气，遂向法官提出，离婚可以，白某是婚姻中的过错方，葛某自己作为无过错方应该多分财产，新购买的房屋应归其所有。白某称葛某是无端猜忌，况且这套房屋双方有约在先，就应该按约定处理。葛某称当初为了两人能更好地幸福生活才签订的协议，既然现在要离婚了，合同目的无法实现，协议约定不作数了。请问：这种情况婚内财产约定还有效吗？

解析

夫妻约定可以排除法定财产的适用，这种约定一旦形成，就对双方具有法律约束力，夫妻约定财产的形式多样，如各自所有，共同所有或者部分各自所有、部分共同所有。但是，这种约定一般不宜包括将一方个人财产约定为完全归对方所有的情形，因为这种无偿取得对方个人财产的约定实质上为无须支付对价的无偿赠与合同，这种情况，一般认为应该优先适用物权和合同的相关规定，而不是婚姻家庭法律的相关规定。

上述案例中，葛某与白某对于婚内共同财产，婚后购买的房屋进行约定分配，属于家庭内部的行为，是两人的真实意思表示，也不涉及第三方的利益，该婚内财产约定合法有效，葛某不能以两人要离婚

17

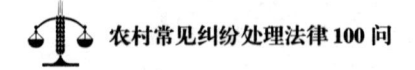

为由主张婚内约定无效。

🏛 政策法律依据

《中华人民共和国民法典》

第一千零六十五条 男女双方可以约定婚姻关系存续期间所得的财产以及婚前财产归各自所有、共同所有或者部分各自所有、部分共同所有。约定应当采用书面形式。没有约定或者约定不明确的，适用本法第一千零六十二条、第一千零六十三条的规定。

夫妻对婚姻关系存续期间所得的财产以及婚前财产的约定，对双方具有法律约束力。

夫妻对婚姻关系存续期间所得的财产约定归各自所有，夫或者妻一方对外所负的债务，相对人知道该约定的，以夫或者妻一方的个人财产清偿。

08 什么样的债务认定为夫妻共同债务？

👤 疑惑

焦某在外务工，为了增加收入，决定自己买一辆车，挂靠在某运输公司的名下运营。因挂靠公司有多种业务渠道，焦某缴纳了足额的管理费后，基本不缺活儿，赚钱也没有那么辛苦。工作之余，司机们为了打发时间，经常聚在一起赌博，逐渐焦某也豪赌成瘾，经常荒废业务，和其他司机车友约在一起赌博。但自从迷上赌博后，焦某偶尔小赢，却经常大输，除了借亲朋好友钱，还把车抵押给了赌友，并且打了借条成了高利贷。

为了这件事情，焦某和妻子袁某总是吵架，焦某也多次写保证书承诺不再赌了，但又抱着再赌一次，把输的钱赢回来的心态，导致越输越多，而焦某所欠的高利贷也像是个无底洞，仅是利息就把人压得喘不过气来，翻不了身。

袁某想到要想摆脱巨额债务，必须离婚，因为朋友告诉她，焦某对外借钱没有袁某的签字，袁某事后也没追认，这笔钱也不算"夫妻一方在婚姻关系存续期间以个人名义为家庭日常生活需要所负的债务"，因此不属于夫妻共同债务，袁某不用归还。请问：这种情况的债务算夫妻共同债务吗？

解析

夫妻有共同举债意思表示的，按共同意思表示认定为夫妻共同债务；无明确共同意思表示但符合家事代理范围内的"家庭日常生活需要"所负的债务，推定夫妻有共同意思表示，为夫妻共同债务；无法推定夫妻有共同意思表示的借款，从是否用于夫妻共同生活、共同生产经营来确定是否属于夫妻共同债务。

焦某借钱时袁某没签名，事后也没追认，故不属于"共债共签"。

这笔钱是焦某为了赌博所借,不算是夫妻在婚姻关系存续期间以个人名义为家庭日常生活需要所负的债务。而且赌博是违法行为,这种非法之债也不应属于夫妻共同债务,故袁某不用归还焦某所欠的债务。

政策法律依据

《中华人民共和国民法典》

第一千零六十四条 夫妻双方共同签名或者夫妻一方事后追认等共同意思表示所负的债务,以及夫妻一方在婚姻关系存续期间以个人名义为家庭日常生活需要所负的债务,属于夫妻共同债务。

夫妻一方在婚姻关系存续期间以个人名义超出家庭日常生活需要所负的债务,不属于夫妻共同债务;但是,债权人能够证明该债务用于夫妻共同生活、共同生产经营或者基于夫妻双方共同意思表示的除外。

09 无民事行为能力人能否协议离婚?

疑惑

贾某与谢某结婚后,双方感情一直不错,婚后生育一对双胞胎,小两口儿日子过得有声有色。但是好景不长,贾某因炒股亏损,开始精神失常,不仅喜怒无常,还经常在家里发脾气,除了摔砸东西,偶尔还殴打、伤害谢某和两个孩子。谢某无奈将贾某送去当地的精神病院治疗,医生诊断其患有精神分裂症。治疗1年后,贾某的病情有所好转,谢某把贾某接回家,不料贾某的病又犯了,病情比上一次还严重,谢某再次送贾某去医院治疗,医生诊治说贾某需要每天注射镇静剂。

同年冬天,谢某打算和贾某办理协议离婚,谢某在民政局领取了离婚登记申请表,起草了离婚协议(子女由谢某抚养,财产归谢某),民政局工作人员审核时,并未发现贾某的病情,看贾某签名后就给了离婚证,办理完离婚手续,谢某把贾某又送回了精神病院。

过了几个月,贾某的父亲知道了两人已经协议离婚,贾某父亲认为贾某精神有问题,没能力协议离婚,他们的离婚是无效的。谢某则认为,两人亲自到民政局办理了离婚手续,贾某当着工作人员的面表示同意离婚,双方的协议离婚是有效的。请问:这种情况,贾某和谢某的协议离婚是否有效?

解析

无民事行为能力人不能协议离婚,但无民事行为能力人可以诉讼离婚。如果无民事行为能力人的配偶有以下行为:损害无民事行为能力人身心健康;怠于履行监护职责,或者无法履行监护职责且将监护职责委托给他人,导致无民事行为能力人处于危困状态;严重侵害无民事行为能力人合法权益等行为,则其他有监护资格的人可以要求撤销无民事行为能力人配偶的监护资格,并依法指定新的监护人,变更后的监护人可以代理无民事行为能力人向法院提起离婚诉讼。从上述案例的表面形式上看,双方对离婚的意思表示一致,并对财产分割和子女问题做了处理,但实质上贾某患有严重的精神疾病,离婚时正处于发作期,离婚行为是在其不能清醒、充分认知的情况下实施的,故贾某作为无民事行为能力人,其当然也没有协议离婚的能力,综上所述,贾某和谢某的协议离婚是无效的。

政策法律依据

《中华人民共和国民法典》

第一百四十四条　无民事行为能力人实施的民事法律行为无效。

第一百四十五条　限制民事行为能力人实施的纯获利益的民事法律行为或者与其年龄、智力、精神健康状况相适应的民事法律行为有效;实施的其他民事法律行为经法定代理人同意或者追认后有效。

相对人可以催告法定代理人自收到通知之日起三十日内予以追认。法定代理人未作表示的,视为拒绝追认。民事法律行为被追认前,善意相对人有撤销的权利。撤销应当以通知的方式作出。

第一千零七十六条　夫妻双方自愿离婚的,应当签订书面离婚协议,并亲自到婚姻登记机关申请离婚登记。

离婚协议应当载明双方自愿离婚的意思表示和对子女抚养、财产以及债务处理等事项协商一致的意见。

10 人身损害赔偿款是夫妻共同财产吗？

疑惑

一天，许某下班回家，因与楼上邻居就夜晚不睡觉，总带陌生人回家扰民吵了起来，双方发生了口角。一天晚上，许某一个人在家，突然有人敲门，一看是楼上邻居，许某心想正好再说道说道，却不料开门后，邻居带了几个歌厅的朋友来找许某理论，你一言我一语，一言不合，其中一个五大三粗的壮汉开始对许某拳打脚踢，打得许某头破血流，肋骨骨折，其他邻居见状赶紧报警，许某被送到了医院，后经许某起诉，殴打她的人同意民事赔偿20万元。但拿到赔偿款后，许某的爱人张某却说，我们一直没什么钱，终于有了一笔收入，不如用赔偿款买些家具，重新把房屋装修装修。许某一听很是伤心："我伤还没好，你就想着怎么花钱改善生活，况且这是我的个人赔偿款。"张某说："话不能这样说，咱们是夫妻，这钱是我们的夫妻共同财产，我也有份。"请问，张某有权处分许某的人身损害赔偿款吗？

解析

一方因受到人身损害获得的赔偿或者补偿属于个人财产，因为这种赔偿款是对遭受人身损害一方花费的医药费、交通费的弥补，是对受害者劳动能力减弱、收入减少的损害赔偿，是对受害者的精神抚慰。因此，这种依附于人身的损害赔偿、补偿有很强的个人属性，应属于一方个人财产。如果把这种人身损害赔偿、补偿款界定为夫妻共同财产，可能会出现配偶放任或追求受害方的损害结果来获取赔偿谋利的情况。

政策法律依据

《中华人民共和国民法典》
第一千零六十三条　下列财产为夫妻一方的个人财产：
（一）一方的婚前财产；
（二）一方因受到人身损害获得的赔偿或者补偿；
（三）遗嘱或者赠与合同中确定只归一方的财产；
（四）一方专用的生活用品；
（五）其他应当归一方的财产。

11 哪些是禁止结婚的疾病？

疑惑

杜某和郭某两人是病友，因共同抗击传染病结缘，两人相仿的年纪、差不多的经历,彼此之间相互欣赏,双方也能谈得来,慢慢地谈起了恋爱。

　　转眼间2年过去了,郭某的传染病已经治好了,但是杜某的病情没有好转,郭某对杜某说:"我们结婚吧。"杜某很吃惊地说:"你别开玩笑了,谢谢你对我这么好,可我现在这样的情况不能和你结婚。"郭某坚定地看着杜某说:"我没有和你开玩笑,我们结婚吧。这不是求婚,这是通知和命令。"

　　杜某又感动又心疼,但又想到法律好像规定传染病人不能结婚。请问:哪些是禁止结婚的疾病?

解析

　　原《婚姻法》中虽然规定"患有医学上认为不应当结婚的疾病"是禁止结婚的情形,但并没有相关法律或司法解释来明确具体哪种疾病属于"医学上认为不应当结婚的疾病"。之前的司法实践中,一般认为患有以下三类疾病属于"患有医学上认为不应当结婚的疾病":一是患有医学上认为不宜生育的严重遗传疾病的(但经男女双方同意,长效避孕或实施结扎手术后,可以结婚)。二是患有特定的传染病(如艾滋病、梅毒、淋病等),且在传染期内的。三是患有严重精神疾病(如精神分裂、躁郁症等),且在发病期内的。

　　原《婚姻法》规定"患有医学上认为不应当结婚的疾病"禁止结婚,主要是从优生优育、家庭稳定的角度考虑的。但是,婚姻并不意味着必然要生育,病人也有恋爱结婚的需要,况且随着科学进步,医学发展迅速,一些过去难以治愈的疾病也已经变得易于治愈或治愈有望。基于此,《民法典》删除了"患有医学上认为不应当结婚的疾病"这一禁止结婚的情形,将婚前患有重大疾病但未如实告知的情况规定为可撤销婚姻,充分尊重当事人的意思自治,也更利于维护病人的合法权益,有利于家庭生活的稳定。上述案例中,杜某和郭某可以结婚。

政策法律依据

《中华人民共和国民法典》

第一千零四十八条 直系血亲或者三代以内的旁系血亲禁止结婚。

第一千零五十三条 一方患有重大疾病的,应当在结婚登记前如实告知另一方;不如实告知的,另一方可以向人民法院请求撤销婚姻。

请求撤销婚姻的,应当自知道或者应当知道撤销事由之日起一年内提出。

12 离婚冷静期内，重归于好，能撤回离婚申请吗？

疑惑

25岁的小葛和谈了5年的男朋友顾某分手了，伤心欲绝，始终无法走出分手的痛苦。后经朋友劝说，结识了比自己大5岁的王某，王某温柔体贴，又会哄小葛开心，小葛逐渐走出分手的阴霾。确定恋爱关系1年后，王某以其年龄大了，希望尽快结婚要孩子为由，多次催小葛结婚，小葛虽然想再谈谈恋爱增加彼此的了解，但也禁不住王某的日日催婚，两人结婚了。两人共同生活后，小葛发现王某是个"妈宝男"，生活中的财务事项都要听从婆婆的安排，这让小葛很不舒服，小葛也因为多次购买首饰衣物被婆婆唠叨发生口角，但王某站在婆婆一边维护婆婆，小葛一时冲动，提出离婚，王某却说离不离婚我要问问我妈，小葛火冒三丈，说"你离不离婚都要问你妈，还算不算男人"，王某被小葛的话语刺激到了，两人立即跑到民政局办理离婚，但民政局的工作人员让他们填了离婚登记申请后，又让他们回去冷静冷静。工作人员解释说《民法典》实施后，民政局不能当场办理离婚手续，要有30天的冷静期。

小葛赌气回了娘家，但母亲劝她不要轻易离婚，并从中说和让王某到家里道歉,接小葛回家。经过王某一番做工作,小葛也逐渐冷静,想要撤回离婚申请,再给王某一次机会。请问:协议离婚的冷静期内,夫妻一方能撤回离婚登记申请吗?

解析

离婚冷静期是《民法典》新增的内容,依据《民法典》第1077条的规定,协议离婚得经过两关,第一关是自婚姻登记机关收到离婚登记申请之日起30日内,任何一方都没有向婚姻登记机关撤回离婚登记申请;第二关是前款规定期限届满后30日内,双方亲自到婚姻登记机关申请发给离婚证。其中,第一关里的"收到离婚登记申请之日起30日内"就是1个月的"离婚冷静期",在这1个月的离婚冷静期内,任何一方不愿意离婚了,都可以向婚姻登记机关撤回离婚登记申请,一方申请撤回离婚登记申请,该协议离婚的程序就终止了。协议离婚不同于诉讼离婚,协议离婚必须由双方就离婚、子女、抚养、共同财产分割、共同债务等,完全达成一致意见才能进行。而诉讼离婚时,即使双方就上述部分乃至全部问题,都无法达成一致意见,法官也可依职权进行判决,故协议离婚不仅要求离婚的双方当事人自愿、同时亲自到场,还必须能够统一意见、达成共识。如果一方不想离婚,或者虽愿意离婚但就其他相关问题与另一方达不成一致意见,协议离婚就无法继续进行下去。任意一方撤回双方提交的离婚登记申请,即意味着双方不能统一意见、达成共识,该协议离婚程序终止。上述案例中,小葛可以撤回离婚申请。

政策法律依据

《中华人民共和国民法典》

第一千零七十七条 自婚姻登记机关收到离婚登记申请之日起三十日内，任何一方不愿意离婚的，可以向婚姻登记机关撤回离婚登记申请。

前款规定期限届满后三十日内，双方应当亲自到婚姻登记机关申请发给离婚证；未申请的，视为撤回离婚登记申请。

13 登记在孩子名下的房屋，可以作为夫妻共同财产在离婚诉讼中进行分配吗？

疑惑

何某和张某名下有两套房屋，一套是他们的婚房，产权登记在二人名下，共同所有；另一套是当初为了女儿何豆豆读小学买的学区房，因为考虑到两套房屋税费高的问题，登记在了女儿何豆豆一人名下。因为何豆豆小学对口的初中不是很理想，两人计划再买一套对口比较好的初中的学区房，两人商议后，就把原登记在何豆豆名下的房屋卖掉,又加了300万元置换了一套大的学区房。在买房过程中,两人听说以后房屋要交遗产税,觉得房子迟早都是女儿的,就把新购买的房屋产权登记在何豆豆名下。

房子买好后,何豆豆如愿上了对口的初中,为了上学方便,张某和女儿搬到了新的学区房里居住,何某为了工作方便,仍然居住在原来的房屋内,母女俩周末才会回到原房屋与何某相聚,夫妻两人聚少离多后,感情逐渐变淡。何豆豆初中毕业了,何某提出要和张某离婚,张某不答应,于是,何某起诉到法院,要求离婚,同意女儿由张某抚养,但要求依法分割两套房屋。在诉讼过程中,张某提出产权登记在何豆豆名下的房屋不属于夫妻共同财产,是夫妻对女儿何豆豆的赠与,不应分割。请问:登记在孩子名下的房屋,可以作为夫妻共同财产在离婚诉讼中进行分配吗?

解析

《民法典》第1087条是离婚时夫妻共同财产处理的条款,该条规定适用的范围仅限"夫妻的共同财产"。夫妻共同财产,是指在婚姻关系存续期间,夫妻双方或一方取得的财产,除法律另有规定或者夫妻另有约定的,均为夫妻共同所有,夫妻对共同所有的财产,平等地享有占有、使用、收益和处分的权利。在夫妻共同财产分割的问题上,《民法典》确立了婚姻当事人协议与法院判决两种方式,并且实行"当事人协议优先"的原则,所以夫妻共同财产的分割事宜,首先应该由夫妻两人协议解决,协议不成的,才由法院判决。

本案中，产权登记在何豆豆名下的房屋是在两人婚姻关系存续期间取得的，也是用登记在何豆豆名下的原房产加 300 万元现金置换来的，虽然原房屋和 300 万元现金均系夫妻共同财产，但新购买的房屋系夫妻考虑以后房产继承的问题，一致同意登记在何豆豆名下，应视为夫妻二人将新购置的房产赠与了女儿何豆豆，且该种赠与已经通过让何豆豆在该房屋房产证上具名的方式予以登记、公示，这种情况下，该房屋已不再是夫妻共同财产，当然就不能在离婚案件中进行分割。

政策法律依据

《中华人民共和国民法典》

第一千零八十七条 离婚时，夫妻的共同财产由双方协议处理；协议不成的，由人民法院根据财产的具体情况，按照照顾子女、女方和无过错方权益的原则判决。

对夫或者妻在家庭土地承包经营中享有的权益等，应当依法予以保护。

14 家庭生活中负担较多义务的一方，离婚时有权向另一方请求补偿吗？

疑惑

蔡某与杨某系夫妻，蔡某为了赚钱养家，独自到上海打工，而杨某为了照顾两个子女和年迈的公婆，只能留在农村老家。但由于蔡某一个人的收入有限，很难维持老家五口人的生活花销和父母的看病开销，杨某也只能在照顾家庭之余，打些小工、杂工，赚点外快贴补家用。杨某独自照顾一大家子人压力很大，且父母生病跑医院忙不过来，多次跟蔡某提出让他回老家，二人可以做点小生意。但蔡某说自己已经习惯上海的生活，不再适应老家的生活，不同意回老家并且让杨某带着家人到上海。杨某考虑大城市房价高买不起房，租房费用也不少，即便只是日常开销和公婆看病也负担不起，认为蔡某在外多年，不仅不懂得照顾家庭，而且什么事情都指望不上，现在的想法也变得不切实际，杨某提出离婚。

杨某对离婚、孩子抚养、财产分割等均无异议，但认为自己在农村照顾生病的公婆，养育上学的子女，还得打工贴补家用，很是辛苦，对家庭付出得太多，蔡某应该对其补偿，蔡某则认为照顾家庭和工作是天经地义的事，自己在上海打拼也很辛苦。请问：杨某能否得到补偿？

解析

  《民法典》第 1088 条为离婚经济补偿条款，一方在婚姻关系存续期间为家庭生活、家务劳动付出较多的，通常为因抚养子女、照料老年人、协助另一方工作等负担较多义务。家庭劳务、劳动作为每个家庭的日常必需品、家庭存在的基础，其作用和价值是不容忽视、不可替代的。虽然家务劳动与在外工作相比，客观上经济价值显得弱一些，但会影响一个家庭的正常运营，也为在外工作的一方提供了后方保障，从公序良俗和公平角度考虑，付出义务多的一方有权获得补偿。夫妻关系存续期间，虽然某一方对家庭事务付出较多义务的现象是常见的，但确实很难予以金钱量化。所以在离婚时，付出义务较多的一方主张补偿时，补偿的金额根据权利义务一致的原则，可参考所负义务的程度、时间及另一方的收益等情况予以综合确定。

  上述案例中，蔡某长期在外打工，对未成年子女疏于教育抚养，对年迈生病的父母缺乏照顾，对家务劳动没有参与，对家庭开支缺少经济扶助。杨某多年来独自抚养孩子，照顾父母，还打工赚钱养家，可以认定对家庭所尽义务较多。所以对于杨某要求蔡某进行经济补偿的诉讼请求，法院应予以支持。

政策法律依据

《中华人民共和国民法典》

第一千零八十八条 夫妻一方因抚育子女、照料老年人、协助另一方工作等负担较多义务的,离婚时有权向另一方请求补偿,另一方应当给予补偿。具体办法由双方协议;协议不成的,由人民法院判决。

15 已经离婚了,还有义务帮助另一方吗?

疑惑

赵某和林某两人感情一直很好,但由于赵某产后抑郁又加之工作压力较大,逐渐出现精神不稳定、胡言乱语、举止失常的情况,林某带着赵某去当地的精神病院就诊,医生诊断赵某患上了精神分裂症,残疾等级为三级,因赵某暂无暴力行为,暂不需要住院治疗,而是在医嘱下回家休养并按时服药,但赵某竟然离家出走,再无音讯。2年后,林某为了结束名存实亡的婚姻,向法院申请宣告赵某失踪并提起了离婚诉讼,最终法院判决解除了双方的婚姻关系。

又过了2年,林某刚要开始新生活,赵某却回来了,而且病情有所好转,她得知法院已经判决离婚,向法院提起诉讼,以自己生活困难为由要求林某履行经济帮助义务。林某虽然还念夫妻之情，同意对赵某进行一定的帮扶，但毕竟已经离婚，自己也要开始新生活，不想一直负担对赵某的照顾。请问：离婚了，林某还需要帮助赵某吗？

解析

《民法典》第1090条为离婚经济帮助条款，是在原《婚姻法》第42条的基础上，将"另一方应从其住房等个人财产中给予适当帮助"修改为"有负担能力的另一方应当给予适当帮助"，取消了对承担经济帮助义务的责任财产的限制。离婚经济帮助制度承担着保障离婚时生活困难一方的基本生存利益的重要功能，可以说是离婚救济体系中的兜底条款。婚姻关系依法成立后，夫妻双方即建立了一种相互依赖、相互扶助的特殊社会关系，为维持这种特殊社会关系，婚姻当事人难免会有自我牺牲。因此，当婚姻关系终结时，若一方生活困难，可以要求另一方给予适当帮助，这主要是基于在先的行为而从原来的婚姻关系中派生出来的一种义务。这种义务一方面是基于公平原则，另一方面是将道德义务上升为法律义务。如何理解离婚经济帮助，可以从以下四个方面理解：一是一方生活困难且本人无力解决；二是另一方有负担能力；三是帮助是适当的，不是无限的；四是具体办法可由双方协商，协商不成的，由法院依据实际情况进行判决。

上述案例中，法院判决离婚时，赵某因下落不明没有到庭，客观上无法向林某主张经济帮助。但不意味着赵某丧失了该项权利，赵某仍享有在知情后要求林某以经济帮助的权利，至于帮助的形式，法院将考虑林某的经济能力,判决予以"适当"帮助。

🏛 政策法律依据

《中华人民共和国民法典》

第一千零九十条 离婚时,如果一方生活困难,有负担能力的另一方应当给予适当帮助。具体办法由双方协议;协议不成的,由人民法院判决。

16 离婚后发现对方隐匿了共同财产,怎么办?

👤 疑惑

李某有晚上外出跑步的习惯,每天都会以跑步为由外出。一天晚上,妻子王某在看微信运动时,发现李某的步数没有明显变化,便开始疑心。第二天,李某又称要出去跑步,王某若无其事地答应,随后就偷偷尾随李某,想要探个究竟。果然,李某刚跑进公园,便到河边与别的女人约会,两人有说有笑,行为还很亲密,远远超出普通朋友的关系。晚上回家,王某质问李某去了哪里,李某仍然谎称去跑步了，王某无奈拿出偷录的视频，李某一看很气愤，干脆一不做，二不休，当即提出离婚，但双方无法就财产分配达成一致，李某诉至法院。在法院的组织调解下，王某提出了离婚条件，李某作为过错方，要少分财产，夫妻双方共同所有的价值100万元的房屋归王某所有，王某支付李某折价款30万元，李某想尽快离婚，便同意了王某的要求，二人达成调解协议，法院出具了民事调解书。

离婚后，李某很快就搬离了原住的房屋，这让王某很疑惑，于是王某又偷偷地跟踪了李某，发现李某搬到了一幢大房子居住，而李某的情人也日常出入。后经王某朋友分析，房子很可能是李某和王某婚姻关系存续期间李某隐匿的财产，否则李某不会这么轻易地同意少分房产。王某一听很有道理，便开始四处收集证据，果然发现李某转移了财产。请问：已经离婚了，王某还有权要求重新分割夫妻共同财产吗？

解析

《民法典》第1092条规定了侵害夫妻共同财产或者侵占另一方财产的违法行为的法律后果。根据该条规定，夫妻一方实施的违法行为主要有隐藏、转移、变卖、毁损、挥霍。隐藏是指将财产隐匿起来，不让对方发现，使另一方无法获知财产的所在从而无法控制。转移是指私自将财产移往他处，或将资金取出移往其他账户，脱离另一方的掌握。变卖是指将财产折价卖给他人，夫妻一方擅自处分共同共有的房屋造成另一方损失，离婚时另一方请求赔偿损失的，人民法院应予支持。毁损是指采用打碎、拆卸、涂抹等破坏性手段使物品失去原貌,失去或者部分失去原来具有的使用价值和价值。挥霍是指对夫妻共有的财产不符合常理地耗费,致使其不存在或者价值减损。上述违法行为,在主观上只能是故意,不包括过失行为。本条的立法目的在于防止夫妻离婚时,一方当事人在另一方当事人不知情的情况下,基于自己的利益考虑,违法或不当处分夫妻共同财产,进而侵害另一方当事人的合法权益。

上述案例中,李某在婚姻关系存续期间,用夫妻共同财产购买商品房给婚外情人居住,并在法院诉讼离婚时对王某进行隐瞒,已经构成《民法典》第1092条中规定的隐瞒夫妻共同财产,王某有权在发现后请求法院重新分割夫妻共同财产,因此,即使已经离婚了,王某也有权要求重新分割夫妻共同财产。

政策法律依据

《中华人民共和国民法典》

第一千零九十二条　夫妻一方隐藏、转移、变卖、毁损、挥霍夫妻共同财产,或者伪造夫妻共同债务企图侵占另一方财产的,在离婚分割夫妻共同财产时,对该方可以少分或者不分。离婚后,另一方发现有上述行为的,可以向人民法院提起诉讼,请求再次分割夫妻共同财产。

17 子女可以提起否认亲子关系的诉讼吗?

疑惑

小于经常被同学说是父母捡来的,每次回家都抱着妈妈大哭,问自己是不是捡来的,妈妈每次都安慰小于:"爸爸妈妈这么爱你,你怎么可能是捡来的。"慢慢地,小于长大了,一次偶然的机会,看到了父母的献血证,竟然发现父亲的血型是 A 型,母亲的血型是 O 型,可自己是 B 型,他突然想起来生物课上学习的知识,父母为 O 型血和 A 型血不可能生出 B 型血的孩子。小于再次向父母求证,父母仍然否认,但小于觉得自己已经长大了,虽然知道父母养育自己不容易,但他也有权利知道自己的亲生父母是谁。经过咨询朋友,朋友说法律允许对亲子关系有异议且有正当理由的成年子女向法院起诉,于是,小于想提起一个否认他和父母亲子关系的诉讼,让法院来委托鉴定机构鉴定他和父母的亲子关系。请问:小于能提起否认他和父母亲子关系的诉讼吗?

解析

《民法典》第 1073 条为亲子关系异议条款。关于亲子关系异议规则,此前《婚姻法》并无相关规定,主要法源是《最高人民法院关于适用〈中华人民共和国婚姻法〉若干问题的解释(三)》(已失效)第 2 条第 1 款规定:"夫妻一方向人民法院起诉请求确认亲子关系不存在,并已提供必要证据予以证明,另一方没有相反证据又拒绝做亲子鉴定的,人民法院可以推定请求确认亲子关系不存在一方的主张成立。"我国法律奉行婚生子女推定制度,即在合法婚姻关系存续期间受胎或出生的子女推定为婚生子女,与具备合法婚姻关系的父母有亲子关系。当然,亲子关系推定制度设立的目的是维护家庭的和谐稳定,客观上亲子关系的成立须以真实的血缘关系为前提,而不是基于婚生子女推定制度。为了使法律推定与客观事实相一致,并让应尽义务的真正的生父母不逃避责任,法律允许利害关系人提出亲子关系确认或否认之诉。但如果当事人已与非亲生子女产生了浓厚的感情,并愿意与其以父母子女的关系继续生活在一起,其他人是没有权利来破坏这种稳定的关系的。因此,就该类诉讼而言,"对亲子关系有异议且有正当理由的",父母可以起诉请求确认亲子关系,也可以起诉请求否认亲子关系。但成年子女只能起诉请求确认亲子关系,不能起诉请求否认亲子关系,主要是为了避免成年子女通过提起亲子关系否认之诉逃避推诿对抚养教育其多年的父母的赡养义务,防止出现被否认的"父母"已对该子女尽了抚养义务,但子女以不存在亲子关系为由拒绝赡养的情况。

上述案例中,于某夫妇知道小于不是自己的亲生儿子,但仍然选择去抚养教育小于、尽心呵护他,这意味着于某夫妇放弃了去探寻客观事实的真相,愿意以父母的身份陪伴在小于身旁,愿意接受相关法律权利义务的约束。小于虽然有权利知道真相,但不能起诉请求否认亲子关系。

🏛 政策法律依据

《中华人民共和国民法典》

第一千零七十三条　对亲子关系有异议且有正当理由的,父或者母可以向人民法院提起诉讼,请求确认或者否认亲子关系。

对亲子关系有异议且有正当理由的,成年子女可以向人民法院提起诉讼,请求确认亲子关系。

⑱ 没进行登记的"复婚"有效吗?

👤 疑惑

杨某和程某在2010年协议离婚,并约定两人的女儿杨笑笑由程某抚养,因为离婚时杨某在夫妻财产分割上做了很大让步,把名下仅有的一套住房给了前妻和女儿,程某就没有要求杨某支付孩子的抚养费用。但是双方离婚后,均没有找到合适的再婚对象,一直未再婚。2012年,程某身患乳腺癌,常年到医院看病,杨某得知此消息后,主动表示愿意照顾程某母女的日常生活。为了照看方便,杨某又搬回了原来的住处和程某及女儿一起居住。经过2年的离婚生活,两人也逐渐冷静并发现对方还是不错的。随着杨某日夜悉心照顾，两人的感情又慢慢升温了，决定今后一起生活。在杨某的悉心照料下，程某的病情虽然没有康复，但得到一定的控制，他们的女儿也顺利考入大学。2015年，程某的病情突然恶化，最终治疗无效去世。程某的丧事刚办完，程某的父母却要继承程某的房产。而杨某则认为，其与程某是夫妻，房子属于夫妻共同财产，自己理应分得一半。请问：杨某和程某事实上又一起生活，但未办理复婚登记，可以分得房产吗？

解析

《民法典》第1083条为复婚登记条款。离婚后，男女双方的夫妻关系已经解除，没有了作为夫妻的权利和义务。这意味着男女双方在人身、财产关系上不再有彼此扶养、扶助的义务，有了重新择偶的自由，没有彼此相互继承财产的权利等。离婚后男女双方自愿恢复婚姻关系，通常称为复婚，是指合法解除婚姻关系的男女双方自愿恢复夫妻关系，到婚姻登记机关办理登记手续，重新确立婚姻关系。复婚是一种法律行为，如果男女双方离婚后又自愿要求恢复夫妻关系的，说明双方的感情并未完全破裂，或造成离婚的原因已被消除。在这种情况下，法律允许双方重新确立婚姻关系。因此，复婚本质上是一种结婚行为，双方应亲自到任意一方户口所在地的婚姻登记机关重新进行结婚登记，申请复婚的男女双方除持有与结婚登记相同的证件资料外，还须持《离婚证》或相关生效法律文书。男女双方如果不重新进行结婚登记,就不属于夫妻关系,不受法律的保护。

上述案例中,杨某和程某没有重新进行结婚登记,故两人是同居关系,不是夫妻关系。另外,即使两人重新进行结婚登记,程某名下的房产也是程某复婚前的个人财产,不会因结婚而转化为夫妻共同财产,杨某无权以夫妻共同财产的理由要求分割。不过,如果两人重新进行结婚登记,杨某作为程某的配偶是第一顺序的法定继承人,可以通过法定继承与程某父母分程某名下的房产。

政策法律依据

《中华人民共和国民法典》

第一千零八十三条　离婚后,男女双方自愿恢复婚姻关系的,应当到婚姻登记机关重新进行结婚登记。

19 受胁迫结婚的一方该怎么办?

疑惑

林某是生活在农村的一个普通女孩,大学毕业没几年,父亲患有重型再生障碍性贫血,需要定期输血,但父亲的血型比较特殊,很难找到与之匹配的献血人。在定期就医的过程中,经人介绍林某认识了和她父亲血型一样的蒋某，蒋某对林某一见钟情，认识没多久就向她求婚，但是林某对蒋某完全没有感觉，便委婉地拒绝了蒋某。蒋某听后很生气，对林某说："你不和我结婚，我就不给你爸爸输血了，我看你爸爸能撑多久。"林某听后犹豫了好久，便答应了蒋某的求婚。两人结婚了，蒋某以爱之名强行占有了林某，并答应定期给林某的父亲输血，林某在人前与蒋某维持着夫妻关系的模样，但在私底下她十分厌恶和蒋某同床共枕。最终，林某的父亲还是去世了。请问：受胁迫的林某能否结束这场婚姻？

解析

《民法典》第1052条为胁迫婚姻条款，此条规定，受胁迫结婚的一方可以向法院请求撤销婚姻。婚姻自由是宪法赋予的基本权利，也是我国婚姻法律的一项基本原则。结不结婚、和谁结婚，都应该是当事人完全自愿的选择。受胁迫的婚姻由于并非当事人的本意，违背了当事人的真实意思表示，也违背了婚姻自由的法律原则，所以《民法典》规定，受胁迫结婚的一方可在胁迫行为终止之日起1年内向法院提出撤销婚姻。考虑有些当事人是被非法限制人身自由，没有办法自由行动，所以法律又规定这些当事人可"自恢复人身自由之日起一年内提出"撤销婚姻。胁迫的手法多种多样，胁迫内容并不拘泥于受胁迫者自身的生命、健康、名誉、财产等，也可以是受胁迫者亲朋好友的生命、健康、名誉、财产等，还可以是无辜无关的第三方的生命、健康、名誉、财产等，甚至是胁迫人自己的生命健康（如威胁不结婚就要自杀、自残的）等。《最高人民法院关于适用〈中华人民共和国民法典〉婚姻家庭编的解释(一)》第 18 条明确规定,行为人以给另一方当事人或者其近亲属的生命、身体、健康、名誉、财产等方面造成损害为要挟,迫使另一方当事人违背真实意愿结婚的,可认定为"胁迫",受胁迫的一方可以向人民法院请求撤销婚姻。

上述案例中,林某父亲需要特殊血型维持生命,蒋某以此威胁林某结婚,构成胁迫,林某可以要求撤销婚姻。

🏛 政策法律依据

《中华人民共和国民法典》

第一千零五十二条 因胁迫结婚的,受胁迫的一方可以向人民法院请求撤销婚姻。

请求撤销婚姻的,应当自胁迫行为终止之日起一年内提出。

被非法限制人身自由的当事人请求撤销婚姻的,应当自恢复人身自由之日起一年内提出。

20 共同生活的姑姑算不算家庭成员?

👤 疑惑

闫某的爷爷去世得早,闫某的父亲一直在外地工作,在回家过年

45

的路途中遭遇泥石流不幸去世了，闫某的奶奶中年丧夫、老年丧子，被打击得精神恍惚，生活无法自理，闫某的妈妈又要工作，又要照顾老人，还要抚养小孩，生活十分艰辛。闫某的姑姑原本在外自己住，看到现在家里这种情况，觉得把自己的房屋出租，搬回来和闫某他们一起居住生活也能有个照应。平日里姑姑喜欢教小朋友弹钢琴，靠着固定的房租和钢琴授课费撑起了家里的半边天。看着姑姑手脚麻利，烧菜做饭、照顾奶奶、辅导功课，也很疼爱自己，闫某决定等自己长大了，一定要好好报答姑姑。

闫某成年并且工作了，也到了待嫁的年龄，可跟男朋友说以后要赡养姑姑，男朋友却不同意，认为姑姑不是家庭成员，闫某没有赡养义务。请问：姑姑在法律上算闫某的家庭成员吗？

解析

《民法典》第 1045 条为亲属、近亲属及家庭成员条款，这也是首次对亲属范围作出明确规定。亲属包括配偶、血亲和姻亲，其中血亲就是因血缘关系产生的亲属，姻亲就是因婚姻关系产生的亲属。姻亲又分为三种：血亲的配偶，如女婿、儿媳等；配偶的血亲，如岳父母、小姨子、小叔子等；配偶的血亲的配偶，如妯娌等。在亲属当中配偶、父母、子女、兄弟姐妹、祖父母、外祖父母、孙子女、外孙子女这八种关系人为近亲属，近亲属中在一起共同生活的人组成家庭成员。《民法典》首次在民事法律条文中提出家庭成员的概念，并罗列了家庭成员的范围，即配偶、父母、子女和其他共同生活的近亲属。

参照上述规定,闫某的姑姑属于她的亲属,但不属于近亲属,不属于近亲属自然也不属于闫某的家庭成员。

🏛 政策法律依据

《中华人民共和国民法典》

第一千零四十五条 亲属包括配偶、血亲和姻亲。

配偶、父母、子女、兄弟姐妹、祖父母、外祖父母、孙子女、外孙子女为近亲属。

配偶、父母、子女和其他共同生活的近亲属为家庭成员。

21 婚内继承、受赠的财产是夫妻共同财产还是个人财产?

疑惑

任某和许某结婚已经7年,但任某因忙于工作很少陪伴许某,许某在工作中遇到年轻漂亮又温柔体贴的小刘,两人发生了婚外情。许某和小刘爱得死去活来,小刘不甘当小三,一直催促许某离婚,许某也觉得和任某的婚姻生活无法继续,起了离婚的念头。可就在他想提离婚时,任某的父母在旅游途中出了交通事故双双去世。任某作为独生女,对这种人生变故很难接受,丈夫许某的离婚念头也被此事压了下来。虽然不能尽快提离婚,但想到岳父是做生意的,存款、股票、汽车样样都有,还有几套住宅,资产价值几千万元,等任某继承后,即便离婚,许某也能分得一半。许某忙前忙后帮助妻子办理了岳父岳母的后事,并提出尽快将老人的财产转移到任某名下。任某也没提出异议,很快办完了手续。但不久,许某便提出了离婚,并要求分割继承的财产。到了法院,任某竟然拿出一份遗嘱,称父母早已就财产进行了分配,80%由任某个人继承,剩余的20%由任某的祖父母、外祖父母继承用于养老。请问:任某继承的财产到底是夫妻共同财产还是个人财产?

解析

《民法典》第1062条为夫妻共同财产条款,第1063条为夫妻个人财产条款,按照此两条的规定,夫妻在婚姻关系存续期间"继承或者受赠的财产",属于夫妻共同财产,但"遗嘱或者赠与合同中确定只归一方的财产"是一方的个人财产,不是夫妻共同财产。

夫妻财产共有制度本身是为了保护夫妻之间平等的地位,即夫妻之间分工不同,共同为家庭做出贡献,夫妻财产应当共有,根据这一立法精神,如果夫妻一方因为在婚姻期间为他人付出而继承或被赠与了财产,正常情况下,另一方也有间接的担当和付出,故配偶所获得的继承财产或受赠财产应为"夫妻共同财产",但被继承人或赠与人另有安排的除外。

上述案例中,任某的父母在遗嘱里注明了80%的财产由任某一个人继承,所以由遗嘱继承而来的财产依法属于任某的个人财产,与许某无关。

政策法律依据

《中华人民共和国民法典》

第一千零六十二条 夫妻在婚姻关系存续期间所得的下列财产,为夫妻的共同财产,归夫妻共同所有:

(一)工资、奖金、劳务报酬;

(二)生产、经营、投资的收益;

(三)知识产权的权益;

(四)继承或者受赠的财产,但是本法第一千零六十三条第三项规定的除外;

(五)其他应当归共同所有的财产。

夫妻对共同财产,有平等的处理权。

第一千零六十三条 下列财产为夫妻一方的个人财产:

(一)一方的婚前财产;

(二)一方因受到人身损害获得的赔偿或者补偿;

(三)遗嘱或者赠与合同中确定只归一方的财产;

(四)一方专用的生活用品;

(五)其他应当归一方的财产。

22 婚姻无效的情形有哪些？

疑惑

2021年，王某18周岁，程某25岁，两人是表兄妹，因从小一同玩耍，感情较好，萌生情愫开始早恋，但恋爱不久王某怀孕了，无奈之下，二人想着尽快结婚。于是程某帮王某用违法手段办理了假身份证，两人登记结婚了。

婚后不久，程某远赴上海创业，临行前对王某说，等我挣了大钱，一定接你和孩子到上海。2023年，王某年满20周岁了，她没有等来程某赚到大钱，而是赔得精光，王某很郁闷。但在工作中，王某却结识了邓某，邓某虽然年过40，但是对王某照顾有加，得知王某和程某的结婚过程后，经常买礼物哄王某开心，一番攻势之下，和王某发生了男女关系，邓某也不在乎王某带着孩子，便向王某求了婚，并且告诉王某不用担心和程某的登记结婚，是假身份不作数。两人合计之后，王某用真身份与邓某登记结婚了。两人结婚不久，有当地群众举报他们重婚，但王某认为她和程某是亲属，且结婚用的假身份不作数，现在和邓某才是真爱，两人的婚姻才是真实有效的。请问：王某和程某以及邓某的婚姻有效吗？

第一章　婚姻家庭问题

解析

《民法典》第 1051 条为婚姻无效的条款。无效婚姻，是指欠缺婚姻成立的法定条件，从而不发生法律效力的，不被法律承认和保护的婚姻。婚姻效力问题不仅事关婚姻双方当事人的重大利益，也关系到其近亲属以及整个社会的公共利益。本次《民法典》编纂保留了原《婚姻法》关于"重婚的""有禁止结婚的亲属关系的""未到法定婚龄的"婚姻无效的事由，删除了"婚前患有医学上认为不应当结婚的疾病，婚后尚未治愈的"婚姻无效的规定。按照新的规定，婚姻无效的情形有三种：重婚、有禁止结婚的亲属关系、未到法定婚龄。

上述案例中，王某和程某第一次登记结婚时，因为王某只有 18 周岁，没有达到法律规定的结婚年龄，且表兄妹属于三代以内旁系血亲关系，属于近亲，所以王某和程某的婚姻是无效婚姻。

政策法律依据

《中华人民共和国民法典》

第一千零四十七条　结婚年龄，男不得早于二十二周岁，女不得早于二十周岁。

第一千零四十八条　直系血亲或者三代以内的旁系血亲禁止结婚。

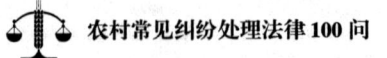

第一千零五十一条 有下列情形之一的,婚姻无效:

(一)重婚;

(二)有禁止结婚的亲属关系;

(三)未到法定婚龄。

CHAPTER 2

第二章

赡养、抚养与收养问题

23 继父母可以收养继子女吗？

疑惑

程某和妻子林某离婚后，带着9岁女儿程丽丽与丧偶的王某再婚，三口人住在一起，王某将程丽丽视为己出，悉心抚养教育，1年下来，一家人的感情越来越融洽。王某因此产生了收养程丽丽，从继母成为养母的想法。

王某征求了程某的意见，程某表示同意，并称会说服程丽丽的生母林某，林某知道王某将程丽丽视为己出一直悉心养育，也表示同意由王某收养程丽丽。王某咨询了收养的相关程序和需要准备的资料，决定带着程丽丽去办理收养手续。在办理的过程中，工作人员发现程丽丽已经12周岁，可以表达自己的意愿，就问程丽丽本人愿不愿意被王某收养，可程丽丽却说自己只有一个妈妈林某。请问：继母王某能否收养继女程丽丽？

解析

《民法典》第1103条是继父母收养继子女的条款。继父母是指子女对母亲或父亲的后婚配偶称继父或继母。继父母与继子女之间形成的是抚养关系，不是收养关系。继父母收养继子女，是将继父母子女关系转变为养父母子女关系的法律行为,对稳定继父母和继子女间的家庭关系、避免继子女和生父母之间双方的权利义务关系以及对被收养的继子女的健康成长具有积极意义。

由于继父母收养继子女不同于一般的收养情况,双方实际上已经共同生活,有了特定的"继父母与继子女"的法律关系,也形成了继父母对未成年继子女的抚养关系,而且继子女的生父或生母和准备收养该子女的继母或继父也共同生活在一起,便于抚养教育保护该子女,因此,继父母收养继子女的条件非常宽松,不受"生父母有特殊困难无力抚养的"条件限制,也不受收养子女的人数限制。

但收养关系属于民事法律关系的范畴,必须遵循平等自愿的原则,即收养人收养与送养人送养,须双方自愿。收养年满8周岁以上未成年人,应当征得被收养人的同意。8周岁以上的未成年人在法律上是限制民事行为能力人,其可以就自己被收养这种重大事项发表意见,相关部门及当事人应尊重其意愿,不得违背其意愿办理收养登记手续。

上述案例中,因程丽丽已经年满8周岁,其本人不同意被收养,所以王某无法收养程丽丽。

政策法律依据

《中华人民共和国民法典》

第一千零九十三条 下列未成年人,可以被收养:

(一)丧失父母的孤儿;

(二)查找不到生父母的未成年人;
(三)生父母有特殊困难无力抚养的子女。

第一千零九十八条 收养人应当同时具备下列条件:
(一)无子女或者只有一名子女;
(二)有抚养、教育和保护被收养人的能力;
(三)未患有在医学上认为不应当收养子女的疾病;
(四)无不利于被收养人健康成长的违法犯罪记录;
(五)年满三十周岁。

第一千一百条 无子女的收养人可以收养两名子女;有子女的收养人只能收养一名子女。

收养孤儿、残疾未成年人或者儿童福利机构抚养的查找不到生父母的未成年人,可以不受前款和本法第一千零九十八条第一项规定的限制。

第一千一百零三条 继父或者继母经继子女的生父母同意,可以收养继子女,并可以不受本法第一千零九十三条第三项、第一千零九十四条第三项、第一千零九十八条和第一千一百条第一款规定的限制。

第一千一百零四条 收养人收养与送养人送养,应当双方自愿。收养八周岁以上未成年人的,应当征得被收养人的同意。

24 收养关系解除后，还需要向养父母支付生活费吗？

疑惑

杨某和蔡某婚后多年没有生育子女，经协商收养了一名5岁女童为养女，起名杨阳，杨某和蔡某对杨阳很疼爱，将杨阳视为己出，一直悉心照顾并供其考上了大学。杨阳大学毕业后，如愿找到了满意的工作，并很快交到了条件还不错的男朋友。杨某和蔡某对女婿也很满意，为杨阳操办了结婚事宜，并且陪嫁若干家用电器和家具。

后来，杨某因重病住院，但杨阳因为事业处于上升期，总是忙于工作无暇照料杨某，虽然蔡某能长期在医院陪伴，但毕竟年纪大了，身体吃不消，所以多次提出让杨阳放慢工作节奏，多腾出一些时间到医院照顾杨某，但杨阳不同意，称可以雇用护工照顾，自己放弃工作到医院照顾不可能。杨某听后很伤心，认为杨阳不懂得感恩，便提出解除收养关系，从此与杨阳断绝关系。杨阳认为自己可以花钱找人照料，并不是不感恩，但工作对她很重要，现在正是升职的关键时期，杨某也应该多理解，见杨某如此逼人，一气之下同意了解除收养关系。

1年后，杨某身体每况愈下，卧病在床生活无法自理，蔡某也被熬得身体状况大不如从前,无法照顾自己的生活,更无法再照料杨某。邻居见状,好心提示,这种情况,可以向杨阳主张生活费。请问:收养关系解除后,杨阳还需要支付杨某和蔡某的生活费用吗?

解析

《民法典》第 1118 条为解除收养关系后的生活费、抚养费的条款。具体包含三种可主张的情形:

一是可以要求养子女给付生活费。但需注意以下两点:(1)养子女经养父母抚养且已成年。也就是说,未经养父母抚养的养子女、未成年养子女、没有负担能力的养子女不需要给付生活费用。(2)养父母既缺乏劳动能力又缺乏生活来源。也就是说,具有劳动能力或有生活来源的养父母无权要求养子女给付生活费用。

二是可以要求养子女补偿抚养费。此种情况下需注意以下三点:(1)因养子女成年后虐待、遗弃养父母而解除收养关系。(2)需要养父母主动提出相应要求。(3)养子女应予补偿的是"收养期间支出的抚养费"。此外,补偿的标准应该是"全部补偿"。

三是可以要求生父母补偿抚养费。此种情形下需注意以下三点:(1)由生父母而非养父母要求解除收养关系。(2)养父母可要求"适当"补偿而非"全部"补偿。(3)养父母若有虐待、遗弃养子女的行为,则无权要求生父母补偿抚养费。

上述案例中,杨某、蔡某自杨阳儿童时期就收养了她,他们为抚养杨阳付出了很多心血,在解除收养关系后,杨某、蔡某因病行动不便，夫妇两人均无生活来源，治疗花费又较高，在此情况下，杨某夫妇要求杨阳给付生活费的主张合理合法，应予支持。

政策法律依据

《中华人民共和国民法典》

第一千一百一十八条 收养关系解除后，经养父母抚养的成年养子女，对缺乏劳动能力又缺乏生活来源的养父母，应当给付生活费。因养子女成年后虐待、遗弃养父母而解除收养关系的，养父母可以要求养子女补偿收养期间支出的抚养费。

生父母要求解除收养关系的，养父母可以要求生父母适当补偿收养期间支出的抚养费；但是，因养父母虐待、遗弃养子女而解除收养关系的除外。

25 父母在什么情况下可以向子女主张赡养费？

疑惑

郑某与周某系夫妻，二人生育一女郑丽丽，但郑某没有正经工作,还好赌成性,周某无法忍受与郑某离婚,独自抚养郑丽丽。郑丽丽长大后,到了谈婚论嫁的年纪,好不容易找到一个疼爱自己的男朋友,郑某却要求男朋友给20万元彩礼。男方家同意,但郑丽丽却提出,20万元是养老钱,郑某要写下字据,拿钱走人,以后双方断绝父女关系,永不往来,郑某不得再以任何理由向郑丽丽提出任何要求。一晃十几年过去了,郑某又出现了,以自己身体残疾缺乏劳动能力、生活困难为由,向郑丽丽索要赡养费。

郑丽丽认为,郑某没到60周岁,且自己之前和丈夫已经给过了养老钱,双方也立了字据且断绝父女关系,她无须再支付赡养费。请问:郑丽丽还需要给付郑某赡养费吗?

解析

《民法典》第1067条为父母的抚养义务和子女的赡养义务条款,从此条规定看,只有"缺乏劳动能力或者生活困难的父母"才可以依法要求子女给付赡养费,且给付赡养费的子女仅限于成年子女。赡养父母是子女应尽的法定义务。任何人不得以任何方式加以改变,也不得附加任何条件进行限制。

上述案例中,郑丽丽的父亲郑某虽然还不到60周岁,尚未年老,但他出现了因残疾而缺乏劳动能力或者生活困难的情形,这种情况下,郑某可以要求郑丽丽支付赡养费。

虽然郑丽丽和郑某签署了"断绝父女关系"的协议,但依照我国法律规定,除非子女和其他人依法建立了收养关系,否则,亲生父母和子女之间是没有办法断绝关系的。父母抚养子女,与子女赡养父母,是两个独立的法律关系。法律层面,就算是郑某未尽抚养子女的义务,但其出现了缺乏劳动能力或者生活困难的情形,也有权要求子女给付赡养费。

🏛 政策法律依据

《中华人民共和国民法典》

第一千零六十七条 父母不履行抚养义务的,未成年子女或者不能独立生活的成年子女,有要求父母给付抚养费的权利。

成年子女不履行赡养义务的,缺乏劳动能力或者生活困难的父母,有要求成年子女给付赡养费的权利。

26 在什么情况下祖父母可以获得孙子女的抚养权?

疑惑

孙某为了给丈夫荣某治病欠下很多债,最终也没有医治好丈夫荣某。祸不单行,孙某在给荣某操办丧事时,不慎从楼上摔下,摔成肢体残疾,无法再继续工作,也再无经济能力抚养儿子荣荣。孙某想着爷爷奶奶总要疼惜孙子,所以跟公公婆婆商量,想要把荣荣送到爷爷奶奶家住。但爷爷奶奶以自己年事已高,也无能力照顾为由,拒绝了孙某的请求。

几年过后,孙某的残疾有所好转,而孙某和荣荣的住房也纳入旧城改造范围要拆迁。按照拆迁公告的标准计算,如果不原地购房,可以获得补偿款 200 多万元。孙某想拿到补偿款后到偏远的地方买个小房子,剩下的钱还能用于日常生活。可荣荣的爷爷奶奶得知拆迁的消息后,担心孙某改嫁,怕唯一的血脉流落到别家,提出由他们来抚养荣荣。孙某心想,眼看拆迁款要拿到了,自己的身体也慢慢恢复得差不多了,日子慢慢好起来了,现在爷爷奶奶想来夺荣荣,所以拒绝了公婆的要求。可没过多久,孙某收到了法院的传票,荣荣的爷爷奶奶起诉到法院,要求变更荣荣的抚养权。请问:荣荣的抚养权该归谁呢?

解析

《民法典》第 1074 条为祖孙之间的抚养和赡养义务,包括祖父母、外祖父母对未成年的孙子女、外孙子女的抚养义务,以及孙子女、外孙子女对祖父母、外祖父母的赡养义务。需要祖辈来抚养的未成年子女要具备"父母已经死亡"或者"父母无力抚养"的前提条件。"父母已经死亡",是指应该尽法定抚养义务的父母均已死亡,出现了抚养人的空缺;"父母无力抚养",是指虽然父母活着,但基于其身体状况、劳动能力缺失、经济状况不佳、服刑、外派、出国等各方面原因无力抚养未成年子女的，出现了抚养人履行义务的客观不能。此外，承担抚养义务的祖父母、外祖父母需要具备"负担能力"。也就是说，祖父母、外祖父母应具备抚养未成年孙子女、外孙子女的客观条件，包括身体状况、居住条件、经济状况、品行嗜好等方面都应符合抚养人的基本要求。

上述案例中，荣荣的父亲去世了，但荣荣的母亲孙某健在，不符合"父母已经死亡"的情形。孙某虽然身体出现过一定的残疾导致抚养荣荣困难，但荣荣的爷爷奶奶提出变更抚养权时，孙某身体已经恢复很多，且有拆迁款维持日常生活，可以继续抚养荣荣。因此，爷爷奶奶要求变更抚养权的请求不应支持，荣荣应由孙某继续抚养。

政策法律依据

《中华人民共和国民法典》

第一千零七十四条 有负担能力的祖父母、外祖父母，对于父母已经死亡或者父母无力抚养的未成年孙子女、外孙子女，有抚养的义务。

有负担能力的孙子女、外孙子女，对于子女已经死亡或者子女无力赡养的祖父母、外祖父母，有赡养的义务。

27 收养三代以内旁系同辈血亲的子女有什么特殊规定？

疑惑

曾某常年在国外工作生活，与丈夫和两个孩子长期两地分居，夫妻二人感情日渐淡薄协议离婚，约定儿子由丈夫抚养，女儿归其抚养。但女儿对国外生活和学习很不适应，无奈之下曾某回国。回国不久，曾某的哥哥曾大家生得一对龙凤胎，本已经有一个儿子的曾大只是想再生一个女儿，凑个好字，谁知又生了龙凤胎，养两个儿子的生活压力着实大。而曾某回国后，一直帮衬着哥哥家，又见小侄子十分可爱，让曾某很思念自己的儿子。经过家人一同商量，曾某决定收养小侄子，曾大家也表示同意。为了办理收养手续，曾某四处打听，有的人说曾某有孩子不符合收养小侄子的条件，也有人说曾某是孩子的姑姑，收养条件较为宽松。请问：曾某能否依法收养小侄子？

解析

《民法典》第1099条是收养三代以内旁系同辈血亲子女的条款。

收养三代以内同辈旁系血亲的子女俗称"过继",基于血亲之间的天然联系、传统文化、风俗习惯等原因,法律对此的限制条件较少。因此,《民法典》规定,此种情形的收养可以不受以下条件限制:一是不受被收养人生父母有特殊困难无力抚养子女的限制。二是不受无配偶者收养异性子女的,收养人与被收养人的年龄应当相差40周岁以上的限制。同时,如果收养人是华侨,收养三代以内的同辈旁系血亲的子女,还不受收养人无子女或者只有一个子女的限制。

上述案例中,曾某与小侄子是姑侄关系,属三代以内旁系同辈血亲的子女,曾某又是华侨,故可以适用特殊规定对小侄子进行收养。

政策法律依据

《中华人民共和国民法典》

第一千零九十三条 下列未成年人,可以被收养:

(一)丧失父母的孤儿;

(二)查找不到生父母的未成年人;

(三)生父母有特殊困难无力抚养的子女。

第一千零九十四条 下列个人、组织可以作送养人:

(一)孤儿的监护人;

(二)儿童福利机构;

(三)有特殊困难无力抚养子女的生父母。

第一千零九十八条 收养人应当同时具备下列条件:

(一)无子女或者只有一名子女;

(二)有抚养、教育和保护被收养人的能力;

(三)未患有在医学上认为不应当收养子女的疾病;

(四)无不利于被收养人健康成长的违法犯罪记录;

(五)年满三十周岁。

第一千零九十九条 收养三代以内旁系同辈血亲的子女,可以不受本法第一千零九十三条第三项、第一千零九十四条第三项和第一千一百零二条规定的限制。

华侨收养三代以内旁系同辈血亲的子女,还可以不受本法第一千零九十八条第一项规定的限制。

第一千一百零二条 无配偶者收养异性子女的,收养人与被收养人的年龄应当相差四十周岁以上。

28 什么是收养评估?

疑惑

派出所接到居民报警,称自己捡到了一个几个月大的女婴。民警经现场查看,发现女婴被遗弃在一个无摄像头的角落,无法确定是否为遗弃,只能先将女婴交由本市的儿童福利院代养。儿童福利院在报纸上刊登了寻找女婴父母的公告,公告期满后无人认领。王某和刘某夫妇一直想要孩子,但一直要不上,最终决定收养一个孩子,就到儿童福利院咨询收养事宜。看到刚送来不久的女婴,觉得既健康又可爱,想要尽快收养。王某和刘某查阅了很多关于收养登记的规定,发现其中有一条是"县级以上人民政府民政部门应当依法进行收养评估",两人很疑惑,便咨询儿童福利院,但儿童福利院的工作人员说:"我们福利院算是市民政局直管的一个部门,级别够了,部门也对口,我们给你出具收养评估报告就行。"

夫妇俩按照工作人员的要求备齐了收养资料,拿着儿童福利院出具的收养评估报告,办理了收养登记。收养刚刚1年,自称女婴生父的李某找到了儿童福利院,说是女朋友私自遗弃了女婴,他要找回自行抚养。儿童福利院将这个情况告知王某和刘某夫妇,但王某和刘某认为自己已经依法收养成功,且已经养育孩子1年,感情很深厚,不同意还回去。但不料被李某起诉到了法院。法院经审理发现收养程序存在瑕疵,由儿童福利院出具收养评估错误。请问:儿童福利院出具的收养评估报告为什么"不作数"呢?

解析

收养是依法确立拟制父母子女关系的重要民事法律行为,收养评估事关保障被收养人的合法权益。收养评估主要是为了更加准确、客观地确定收养人所具备的抚养教育被收养未成年人的能力,使符合条件、具备能力的主体成为收养人,保障被收养的未成年人不至于因收养而遭受本可避免的侵害,体现最有利于被收养人的收养原则。同时,收养评估制度也可以保持收养关系的稳定与良性发展,减少收养过程中出现的消极因素、不良后果给整个社会发展造成的不利影响。

收养评估内容含收养申请人的收养动机、道德品行、受教育程度、健康状况、经济及住房条件、婚姻家庭关系、共同生活家庭成员意见、抚育计划、邻里关系、社区环境、与被收养人融合情况等。收养评估流程含书面告知、评估准备、实施评估、出具评估报告。收养评估期间,收养评估方发现收养申请人及其共同生活家庭成员有伪造、变造相关材料或者隐瞒相关事实等情形的,应当向民政部门报告。县级以上的人民政府民政部门应当依法进行收养评估,这是收养中一项必备的程序与条件。

上述案例中,按照《民法典》的规定,应由县级以上的人民政府民政部门进行收养评估,儿童福利院只是民政机关管理的事业单位,并不是县级以上人民政府民政部门,故其无权进行"收养评估"。

政策法律依据

《中华人民共和国民法典》

第一千一百零五条 收养应当向县级以上人民政府民政部门登记。收养关系自登记之日起成立。

收养查找不到生父母的未成年人的,办理登记的民政部门应当在登记前予以公告。

收养关系当事人愿意签订收养协议的,可以签订收养协议。

收养关系当事人各方或者一方要求办理收养公证的,应当办理收养公证。

县级以上人民政府民政部门应当依法进行收养评估。

29 对亲属的抚养和收养一样吗？

疑惑

林某夫妇因交通事故导致林某残疾,妻子当场死亡,两人生有一个儿子小林才10周岁,由于林某残疾无固定经济来源,所以把小林送到妹妹林丽丽家生活。但小林的姥姥姥爷觉得已经失去了爱女,如果外孙能跟自己一起生活,一是可以养育小林,二是可以缓解丧女之痛。但林某和林丽丽认为姥姥姥爷毕竟不姓林,不能让小林去姥姥姥爷家生活,万一时间久了小林和自己家不亲了,会是个麻烦事。所以林丽丽告诉小林的姥姥姥爷,说小林已经由她家抚养,双方已经是收养关系,很快就会去办理收养手续。请问:林丽丽和小林之间是收养关系吗？小林应该由谁来抚养？

解析

收养是变更人身权利义务关系的重要民事法律行为,而抚养是指对未成年人有抚养义务的亲属或其他人对未成年人承担供养、保护和教育的责任。收养与抚养是不同的法律行为,收养关系与抚养关系也是不同的法律关系。收养关系反映的是收养人与被收养人之间的父母子女关系。收养关系成立后,收养人与被收养人之间就形成了父母子女间的权利义务关系,而且被收养人与生父母及亲属间的权利义务关系因收养关系的成立而消除。抚养关系,有的是基于法律规定的权利义务关系而建立的,有的是基于当事人之间的自愿而形成的,抚养关系不变更双方的权利义务关系,即抚养人与被扶养人之间原有的人身关系不因抚养关系的成立而发生变化,双方不产生父母子女间的权利与义务,也不适用收养的有关规定。

上述案例中,林丽丽和小林之间虽然有抚养和被扶养的关系,但双方并未依法办理收养登记手续,还未建立收养关系。按照《民法典》的规定,小林的母亲去世,假如林某确实有将小林交由他人抚养的打算,小林的姥姥姥爷享有优先抚养小林的权利。

政策法律依据

《中华人民共和国民法典》

第一千一百零七条 孤儿或者生父母无力抚养的子女,可以由生父母的亲属、朋友抚养;抚养人与被扶养人的关系不适用本章规定。

第一千一百零八条 配偶一方死亡,另一方送养未成年子女的,死亡一方的父母有优先抚养的权利。

30 做收养人有什么限制条件?

疑惑

王某一直想生个儿子,第一胎却生了个女儿,女儿2岁了。王某萌生生二胎的想法,并且尝试各种偏方,想再生一个儿子。可事与愿违,备孕很久都没有怀孕,经到医院检查,医生说王某由于年龄和自身原因,可能无法再生育。王某每次看到邻居家的一儿一女时,都很羡慕。丈夫了解妻子王某的心思,故提议:"我们收养一个儿子吧?"听了丈夫的话,王某重燃了有儿子的希望,赶紧上网查询如何收养孩子,并电话咨询了福利院,福利院的工作人员听了王某的陈述后,说符合收养条件,便让王某按照要求准备收养资料。王某很快就准备好了各种手续,并向福利院提交了,可左等右等都没等来收养通知,王某很疑惑,跑到福利院问个究竟,福利院却告知,其丈夫因有犯罪记录,正在进一步核查,可能无法收养。请问:《民法典》对收养人条件有什么规定吗?

解析

《民法典》第1098条是收养人应具备的条件,具体包含以下五个方面:

一是无子女或只有一名子女。我国是人口大国,实行计划生育的基本国策。国家采取综合措施,控制人口数量,提高人口素质。计划生育政策对控制我国人口数量起到了积极的作用。随着经济社会和人口结构发展形势的变化,国家对计划生育政策进行了调整,2015年12月第一次修正《人口与计划生育法》,由提倡一对夫妻生育一个子女,改变为国家提倡一对夫妻生育两个子女。2021年8月第二次修正《人口与计划生育法》,改变为国家提倡适龄婚育、优生优育,一对夫妻可以生育三个子女。为了与计划生育政策的调整相协调,2021年1月1日开始施行的《民法典》将收养法中规定的收养人"无子女"的条件修改为收养人"无子女或只有一名子女"。

二是有抚养、教育和保护被收养人的能力。收养同时具有拟制和解销效力,收养生效后,生父母不再承担对子女的抚养教育和保护义务,子女无法从生父母处获得照顾和生活来源。养父母成为子女的法定代理人和监护人,全面承担起父母对子女的监护义务。因此,养父母必须具有抚养、教育和保护养子女的能力。具体包括以下几个方面:第一,养父母必须具有稳定的住所和收入来源,能够负担起养育子女所需支付的各项费用,包括基本生活费用和教育费用等;第二,养父母应具有高尚的道德情操,有利于培养教育养子女形成健全的人格;第三,养父母应从情感上能够给予养子女关心与爱护,使养子女在温暖的家庭环境中健康成长。

三是未患有在医学上认为不应当收养子女的疾病。《中国公民收养子女登记办法》第5条第1款第3项规定:收养人应当向收养登记机关提交的证明材料中包括县级以上医疗机构出具的未患有在医学上认为不应当收养子女的疾病的身体健康检查证明。收养人收养子女之前,应首先取得县级以上医疗机构出具的身体健康检查证明。法律和司法解释中并未明确医学上认为不应当收养子女的疾病的具体类型。适用时应从被收养人利益最大化角度考虑,结合当地有关医疗机构的证明和具体的医学科学标准予以认定。有观点认为,不应当收养子女的疾病主要指精神疾病和严重的传染病。

四是无不利于被收养人健康成长的违法犯罪记录。本条件是《民法典》对收养人的条件新增加的一项内容。《收养法》中缺少对收养人道德修养、法律意识层面的素质要求,而无不利于被收养人健康成长的违法犯罪记录是对收养人适格的最基本要求,表明收养人行为规范、品德良好,值得信赖。《民法典》中增加的这项要求将收养人收养子女的条件提高,对保护被收养人的利益具有重要意义。对于有违法犯罪记录的收养人,虽并不表明其必然对养子女实施侵害行为或不利于养子女的成长,但有违法犯罪记录表明其法律意识淡薄,有不受法律约束的可能。收养人有不利于被收养人健康成长的违法犯罪记录将会使被收养人面临的风险增大,从被收养人利益考虑,应予以避免。收养人应尽量无违法犯罪记录,如果确有违法犯罪记录,需可以确信该记录不会妨碍收养人对被收养人的抚养教育或不利于被收养人的健康成长。收养登记机关在进行收养登记时,应要求收养人提交公安机关出具的无违法犯罪记录证明,收养人有违法犯罪记录的,收养登记机关应判断该违法犯罪记录是否不利于被收养人健康成长,并决定是否准许收养。

五是年满30周岁。收养人的年龄条件应综合考虑婚姻制度、人类生育规律和收养效果进行确定。我国《民法典》中仅对收养人的最低年龄作出规定,除异性收养的年龄差距外,未对收养人与被收养人的年龄差距作出一般性的要求。

上述案例中,王某是否完全符合收养人的条件,取决于其丈夫的犯罪记录是否属于"不利于被收养人健康成长的违法犯罪记录"。

政策法律依据

《中华人民共和国民法典》

第一千零九十八条　收养人应当同时具备下列条件:
(一)无子女或者只有一名子女;
(二)有抚养、教育和保护被收养人的能力;
(三)未患有在医学上认为不应当收养子女的疾病;
(四)无不利于被收养人健康成长的违法犯罪记录;
(五)年满三十周岁。

31 监护人能直接送养未成年人吗?

疑惑

小林的父母因车祸双亡,其一直跟着爷爷奶奶生活。可过了几年,爷爷奶奶身体也患病无法抚养小林。小林的姑姑、叔叔们经过和爷爷奶奶商量,决定把小林送养。但小林并不想被送养,偷偷跑到了姥姥姥爷家。请问:哪些人能送养未成年人?

解析

《民法典》第 1096 条是监护人送养孤儿的条款。监护人送养孤儿的,应当征得有抚养义务的人同意。而按照《民法典》第 1074 条规定,有负担能力的祖父母、外祖父母,对于父母已经死亡或父母无力抚养的未成年的孙子女、外孙子女,有抚养的义务。按照《民法典》第 1075 条规定,有负担能力的兄、姐,对于父母已经死亡或父母无力抚养的未成年的弟、妹,有扶养的义务。

上述案例中,小林作为独子,无兄、姐,但小林的姥姥姥爷健在,爷爷想要送养小林应征得姥姥姥爷的同意,否则可以变更监护人,而不是直接将小林送养。

政策法律依据

《中华人民共和国民法典》

第一千零九十四条 下列个人、组织可以作送养人:

(一)孤儿的监护人;

(二)儿童福利机构;

(三)有特殊困难无力抚养子女的生父母。

第二章　赡养、抚养与收养问题

第一千零九十五条　未成年人的父母均不具备完全民事行为能力且可能严重危害该未成年人的,该未成年人的监护人可以将其送养。

第一千零九十六条　监护人送养孤儿的,应当征得有抚养义务的人同意。有抚养义务的人不同意送养、监护人不愿意继续履行监护职责的,应当依照本法第一编的规定另行确定监护人。

第一千零七十四条　有负担能力的祖父母、外祖父母,对于父母已经死亡或者父母无力抚养的未成年孙子女、外孙子女,有抚养的义务。

有负担能力的孙子女、外孙子女,对于子女已经死亡或子女无力赡养的祖父母、外祖父母,有赡养的义务。

第一千零七十五条　有负担能力的兄、姐,对于父母已经死亡或者父母无力抚养的未成年弟、妹,有扶养的义务。

由兄、姐扶养长大的有负担能力的弟、妹,对于缺乏劳动能力又缺乏生活来源的兄、姐,有扶养的义务。

32 什么情形可以解除收养关系?

疑惑

付某的妻子因病去世,付某独自抚养两个孩子,感到十分吃力,

77

于是把小儿子送养到了表弟许某家,办理收养登记后,小儿子也改了姓名,叫许阿星。但没想到许某的妻子经常无故打骂许阿星,许阿星不堪忍受,告诉了生父付某,付某虽然无力抚养,但也无法忍受亲生儿子被他人打骂,向许某提出要解除收养关系。而许某认为,小孩子淘气,被打骂很正常,不同意解除收养关系,但此后,许某妻子因为解除收养关系一事,对许阿星态度更为恶劣,动不动就把许阿星打得青一块紫一块,许阿星实在无法忍受,跑回了生父付某家,付某也决定不再忍受,提起诉讼,要求解除收养关系。请问:付某要求解除收养关系能被法院支持吗?

解析

《民法典》第1114条和第1115条是解除收养关系的条款。收养关系是通过一定程序建立的拟制的父母子女关系,同样可以通过一定程序解除。根据该两条规定,有下列情形之一的,可以解除收养关系:(1)养父母与成年养子女关系恶化,无法共同生活的;(2)收养人不履行抚养义务,有虐待、遗弃等侵害未成年子女合法权益行为的;(3)送养人行使对养父母子女关系的解除权的;(4)因养子女成年后,虐待、遗弃养父母的。收养人在被收养人成年以前,不得解除收养关系,但是收养人、送养人双方协议解除的除外。养子女8周岁以上的,应当征得本人同意。收养人不履行抚养义务,有虐待、遗弃等侵害未成年养子女合法权益行为的,送养人有权要求解除养父母与养子女间的收养关系。送养人、收养人不能达成解除收养关系协议的,可以向人民法院提起诉讼。

上述案例中,收养人许某夫妇经常殴打虐待许阿星,作为送养人的付某有权要求解除养父母与养子女间的收养关系。

🏛 政策法律依据

《中华人民共和国民法典》

第一千一百一十四条 收养人在被收养人成年以前,不得解除收养关系,但是收养人、送养人双方协议解除的除外。养子女八周岁以上的,应当征得本人同意。

收养人不履行抚养义务,有虐待、遗弃等侵害未成年养子女合法权益行为的,送养人有权要求解除养父母与养子女间的收养关系。送养人、收养人不能达成解除收养关系协议的,可以向人民法院提起诉讼。

第一千一百一十五条 养父母与成年养子女关系恶化、无法共同生活的,可以协议解除收养关系。不能达成协议的,可以向人民法院提起诉讼。

第一千一百一十六条 当事人协议解除收养关系的,应当到民政部门办理解除收养关系登记。

第一千一百一十七条 收养关系解除后,养子女与养父母以及其他近亲属间的权利义务关系即行消除,与生父母以及其他近亲属间的权利义务关系自行恢复。但是,成年养子女与生父母以及其他近亲属间的权利义务关系是否恢复,可以协商确定。

33 孙子女需要赡养祖父母吗？

疑惑

邵某、闫某都是农民，只有一个儿子邵敏，虽然以种地为生，收入不多，但还是供邵敏考上了大学，邵敏大学毕业后也很顺利地留在了城里工作。工作期间结识了段某并结婚生育两个孩子，儿子邵一、女儿邵婷，一家四口日子过得其乐融融。邵敏知道父母养育自己不容易，对父母很孝顺，一直想把父母接到城里生活，但父母觉得习惯了农村生活，一直拒绝。但邵敏还是会每个月都回农村老家探望父母，老两口儿看到儿子很孝顺，也很欣慰，觉得儿子是自己后半生的依靠。可好景不长，邵敏突然在一起交通事故中去世，老两口儿悲痛万分。过了几年，老两口的身体都出现各种毛病，也无法再干农活，生活日渐拮据。无奈之下，老两口儿跟已经参加工作的孙子邵一、孙女邵婷商量，希望二人每月能适当地给点赡养费。邵一和邵婷两人从小在城里生活，跟爷爷奶奶的接触不多，因此与老两口儿的感情并不深厚，父亲去世后这几年，两人回去探望的次数也很少。两人认为，祖父母没有抚养过他们，他们没有义务支付祖父母的赡养费。请问：邵一和邵婷需要赡养祖父母吗？

第二章　赡养、抚养与收养问题

解析

祖父母、外祖父母与孙子女、外孙子女是隔代直系血亲,也是除亲子关系之外的最近的直系血亲。祖孙之间虽然不同于亲子关系,没有法定的抚养、赡养义务,但是基于对历史传统、亲属感情、民间习惯及部分"缺损家庭"的现实和社会保障水平等多种因素的考虑,为了充分保障未成年人和老年人的基本生活,我国法律规定,祖孙之间在特定条件下,承担抚养、赡养义务。

孙子女、外孙子女对祖父母、外祖父母承担赡养义务应同时满足以下条件:一是祖父母、外祖父母需要赡养。孙子女、外孙子女对祖父母、外祖父母的赡养是以其父母的赡养义务为基础的,所以,孙子女、外孙子女的赡养条件不应宽于其父母的赡养条件。依据《民法典》第 1067 条第 2 款的规定,缺乏劳动能力或者生活困难的父母,有要求成年子女给付赡养费的权利。所以,祖父母、外祖父母也只有在缺乏劳动能力或者生活困难时,才可向孙子女、外孙子女提出赡养的要求。如果祖父母、外祖父母有经济收入或来源,可以负担自身生活所需,就不能要求孙子女、外孙子女承担赡养义务。二是祖父母、外祖父母的子女已经死亡或子女无力赡养。这里的死亡包括自然死亡和宣告死亡。无力赡养,是指祖父母、外祖父母的子女不能以自己的收入满足其合理的生活、医疗等需要。应注意的是,这里的"子女"不应限于孙子女、外孙子女的父母,应包括祖父母、外祖父母的所有子女。三是孙子女和外孙子女有负担能力。有负担能力是指孙子女和外孙子女以自己的收入满足自己和第一顺序抚养权人(配偶、子女和父母)合理的生活、教育、医疗等需求后仍有剩余。如果孙子女、外孙子女中数人均有负担能力,应根据他们的经济情况共同负担。

上述案例中,孙女邵婷和孙子邵一已经参加工作,有了经济收入,有一定的负担能力,老两口儿的儿子邵敏已经死亡,符合"子女已经死亡"的条件,因此,有负担能力的孙子孙女需要对祖父母履行赡养义务。

🏛 政策法律依据

《中华人民共和国民法典》

第一千零七十四条 有负担能力的祖父母、外祖父母,对于父母已经死亡或者父母无力抚养的未成年孙子女、外孙子女,有抚养的义务。

有负担能力的孙子女、外孙子女,对于子女已经死亡或者子女无力赡养的祖父母、外祖父母,有赡养的义务。

34 已满14周岁还能被收养吗?

疑惑

小蔡今年15周岁了,父母都有稳定工作而且很恩爱,小蔡学习成绩也较好,在同学眼里小蔡的家庭让人很羡慕。可意外降临,小蔡的父母在一起交通事故中双双身亡,只剩下小蔡一个人,小蔡只能到奶奶家生活。但是爷爷奶奶年龄大了,没有固定收入也没有什么文化,连小蔡的日常开销都负担不起,更何况是辅导小蔡学习。小蔡因此学习成绩一落千丈。邻居得知这个情况后,觉得孩子很可怜,自己又无子女,想要收养小蔡。爷爷奶奶听了邻居的想法,了解到邻居是位老师,收养小蔡对小蔡的学业也会有好处,于是同意邻居收养,但又听说已经满14周岁的孩子不能被收养。请问:小蔡符合被收养的条件吗?

解析

《民法典》实施之前,对于被收养人的年龄,一般是要求不能超过14周岁。不过,在《民法典》正式施行之后,已经删除了关于被收养人14周岁的限制。如今,在年龄上只要是未满18周岁的未成年人,在同时满足其他条件后,均可以被他人收养,成为被收养人。《民法典》规定的被收养人有三种类型:一是丧失父母的孤儿;二是查找不到生父母的未成年人;三是生父母有特殊困难无力抚养的子女。丧失父母的孤儿,是指父母已经死亡或者经法院宣告其父母死亡的未成年人。查找不到生父母的未成年人,是指被生父母遗弃、丢失,经查找未找到其生父母的未成年人。生父母有特殊困难无力抚养的子女,是指生父母因有残疾、患有严重疾病、正在服刑等原因造成的特殊困难,没有能力抚养子女。

上述案例中,小蔡的父母因意外去世,属于丧失父母的孤儿。按照《民法典》的规定,即使小蔡已经年满 14 周岁,但因其未满 18 周岁,仍然是未成年人,符合被收养的条件。

政策法律依据

《中华人民共和国民法典》

第一千零九十三条 下列未成年人,可以被收养:

(一)丧失父母的孤儿;

(二)查找不到生父母的未成年人;

(三)生父母有特殊困难无力抚养的子女。

35 "AA 制"的夫妻能免除对对方的扶养义务吗?

疑惑

李某和汪某是大学同学,经过 4 年的恋爱长跑两人步入了婚姻的殿堂,因为双方的家庭条件差距较大,两人的消费观念也很不相同,为了避免婚后双方家庭在经济方面闹矛盾,两人制定了"AA 制"

第二章 赡养、抚养与收养问题

协议。约定结婚前、结婚后各自的财产归各自所有,各自的债权债务也各自负责,家庭日常开销两人平摊,各自不得干涉对方的消费,也不得以任何理由向对方索要钱财。两人相处了一段时间,觉得"AA制"的生活还不错,各自有稳定的收入,花起钱来也较为自由。

可过了5年,妻子汪某不但没有生儿育女,还患上了乳腺癌,不仅无法继续工作,还需要花费大量金钱进行抗癌治疗。而丈夫家对汪某没有生育孩子很有意见,见汪某生病了,也没有主动出资帮汪某治疗。汪某觉得很气愤,生不出孩子又不是自己单方的原因,现在自己生病,李某作为丈夫,理应承担照顾义务。后经咨询律师,得知夫妻间有法定的互相扶养的义务,现在自己需要扶养,李某不应该推脱。而李某却认为,既然已经约定了夫妻"AA制",即便出资为汪某看病,也是基于人道主义,并不是法定义务。请问:假如汪某要求李某支付自己的医疗费用,李某能以双方签订过"AA制"协议为由,拒绝扶养汪某吗?

解析

夫妻间有互相扶养的义务,是指夫妻关系存续期间,夫妻双方在生活上互相照应,在经济上互相供养,在精神上互为支柱。扶养责任的承担,既是婚姻关系得以维持和存续的前提,也是夫妻共同生活的保障。这种权利义务关系,具有法定性,不可随意选择、抛弃。扶养义务的产生是基于婚姻效力,对夫妻双方都是对等的,不受感情好坏的影响。夫妻间的扶养是有条件的,要求给付扶养费的一方,只有在

"需要扶养"时,才能行使要求对方给付扶养费的请求权。这里的"需要"是指要求扶养的一方年老、病残、丧失劳动能力等,生活发生困难的情况。司法实践中一般是以一方丧失独立生活能力为条件。

夫妻"AA制"是夫妻间的财产约定,夫妻可以约定在婚姻关系存续期间所得财产的归属,如将某项财产或收入,确定归一方所有或双方分别所有。但是夫妻互相扶养是法定义务,也就是说,无论夫妻就财产的问题作出何种约定,都不能免除法定的扶养义务。现实中,有的夫妻约定各自的工资或收入归各自所有,但这并不意味着夫或妻只负担各自的生活费用而不承担扶养对方的义务。若一方患有重病时,另一方仍有义务尽力照顾,并提供有关治疗费用。如果离婚,原夫妻双方就不再负担互相扶养的义务。但是如果一方在离婚后生活困难,另一方可以给予其适当的经济帮助。

上述案例中,在汪某身患重大疾病,自身已无力承担医疗费用的情况下,李某依法应对汪某履行扶养义务,须为汪某支付医疗费用,而不能以"AA制"约定作为拒绝扶养的"盾牌"。

政策法律依据

《中华人民共和国民法典》

第一千零五十九条 夫妻有相互扶养的义务。

需要扶养的一方,在另一方不履行扶养义务时,有要求其给付扶养费的权利。

第一千零六十五条 男女双方可以约定婚姻关系存续期间所得

的财产以及婚前财产归各自所有、共同所有或者部分各自所有、部分共同所有。约定应当采用书面形式。没有约定或者约定不明确的，适用本法第一千零六十二条、第一千零六十三条的规定。

夫妻对婚姻关系存续期间所得的财产以及婚前财产的约定，对双方具有法律约束力。

夫妻对婚姻关系存续期间所得的财产约定归各自所有，夫或者妻一方对外所负的债务，相对人知道该约定的，以夫或者妻一方的个人财产清偿。

36 未成年人在校造成他人损害，教育机构要担责吗？

疑惑

张某从小就很淘气，总是惹是生非。上了初中以后，在学校也是爱逃课的孩子。父母虽然加以管教，但无济于事。张某的父母多次嘱咐孩子的班主任，在学校期间，一定要对张某严厉一些，看管得严一些。一天，张某的同学王某新买了一套漫画书，张某看到就抢走了，王某不同意与张某争吵了起来，张某不但不还给王某，还对王某拳打脚踢，导致王某鼻骨骨折。王某父母很生气，一是说张某的父母没有教育好自己的孩子;二是埋怨学校老师未及时对张某打架的行为加以制止,于是将张某的父母和学校都告到了法院,要求承担赔偿责任。请问:张某的父母和学校都要承担赔偿责任吗?

解析

按照《民法典》的规定,无民事行为能力人或者限制民事行为能力人在幼儿园、学校或者其他教育机构学习、生活期间,受到幼儿园、学校或者其他教育机构以外的第三人人身损害的,由第三人承担侵权责任;幼儿园、学校或者其他教育机构未尽到管理职责的,承担相应的补充责任。幼儿园、学校或者其他教育机构承担补充责任后,可以向第三人追偿。也就是说,如果教育机构未尽到管理职责的,是要承担责任的,但承担的是相应的补充责任。

教育机构承担补充责任应当符合三个要件:一是损害事实由第三人侵权导致。二是教育机构没有尽到对学生的教育、管理、保护义务,存在一定过错,如门卫管理不严、对伤害学生不及时制止等。三是教育机构的过错与损害后果之间存在因果关系,即若教育机构尽到了教育、管理、保护义务,损害可以避免或损害后果将会予以减轻。

既然是补充责任,就有先后顺序。在教育机构发生第三人侵权事件,首先应由第三人承担侵权责任,在第三人下落不明或者第三人没有能力全部承担侵权责任时,才能由教育机构承担责任。如果第三人已经承担全部责任,则教育机构不再承担责任。同时要注意:教育机构承担的是相应的补充责任,而非全部责任,即根据教育机构未尽到管理职责的程度,来确定其应承担的责任份额。

上述案例中,张某是初中学生,没有自己的财产,其父母应当依法承担民事责任。学校未尽到管理职责,应承担相应的补充责任。

政策法律依据

《中华人民共和国民法典》

第十七条　十八周岁以上的自然人为成年人。不满十八周岁的自然人为未成年人。

第一千零六十八条　父母有教育、保护未成年子女的权利和义务。未成年子女造成他人损害的,父母应当依法承担民事责任。

第一千一百八十八条　无民事行为能力人、限制民事行为能力人造成他人损害的,由监护人承担侵权责任。监护人尽到监护职责的,可以减轻其侵权责任。

有财产的无民事行为能力人、限制民事行为能力人造成他人损害的,从本人财产中支付赔偿费用;不足部分,由监护人赔偿。

第一千二百零一条　无民事行为能力人或者限制民事行为能力人在幼儿园、学校或者其他教育机构学习、生活期间,受到幼儿园、学校或者其他教育机构以外的第三人人身损害的,由第三人承担侵权责任;幼儿园、学校或者其他教育机构未尽到管理职责的,承担相应的补充责任。幼儿园、学校或者其他教育机构承担补充责任后,可以向第三人追偿。

CHAPTER

3

第三章

继承问题

37 同一事件中无法确定死亡时间,如何推定死亡顺序?

疑惑

李明是家里的第三个孩子,父亲早已去世,兄弟三人均在外务工,母亲一人在农村老家生活。只有过年时,兄弟三人才从天南海北回老家过年团聚。除夕那天早上,处理好所有工作的李明归心似箭,驾车带着妻子张明月、儿子李建驱车赶回500多公里外的老家。张明月从小就是孤儿,在孤儿院长大,也非常渴望阖家团聚的时刻。儿子李建也很期待爷爷奶奶家好吃的零食和有趣的小伙伴。晚上9时左右,经过长时间行驶,即将进入老家地界。经过一座桥时,对面驶来一辆集装箱卡车,卡车司机疲劳驾驶,眼前一花车辆失去控制,将开车经过的李明一家的车辆挤下了桥。桥下是翻涌的河水,水流湍急,加上晚上天色黑暗,等到有人发现时,三人已经死亡。经法医勘验,无法确定三人的死亡时间。事发突然,李明、张明月均未留下遗嘱。请问,此时,应如何认定三人的死亡顺序?

解析

此种情景下,没有办法确定三个人的实际死亡时间及先后顺序时,法律对此种情形有特别规定,应当采取法律规定的推定方式。具体而言,应当遵循没有其他继承人的人先死亡,都有其他继承人辈分不同的推定长辈先死亡,辈分相同的推定同时死亡,相互不发生继承。因此,首先,张明月是孤儿,死亡前的近亲属只有丈夫李明和儿子李建,现二人均已经在本次事故中死亡,故而张明月没有其他继承人。李明和李建还有其他近亲属,存在其他继承人。故此推定,张明月相对李明、李建最先死亡。其次,李明相对李建而言是长辈,故相对李建而言,应当推定李明先死亡,李建最后死亡。故此,三人的推定死亡顺序应为张明月最先死亡,其次是李明,李建最后死亡。

政策法律依据

《中华人民共和国民法典》

第一千一百二十条　国家保护自然人的继承权。

第一千一百二十一条　继承从被继承人死亡时开始。

相互有继承关系的数人在同一事件中死亡,难以确定死亡时间的,推定没有其他继承人的人先死亡。都有其他继承人,辈份不同的,推定长辈先死亡;辈份相同的,推定同时死亡,相互不发生继承。

38 法定继承人都包括谁？

疑惑

李新和王明月婚后育有一子李立，后又收养一名女婴，取名为李静，并对其视如己出。李静长大后，在外地成家生子，工作常年在外，每年回家看望父母三四次，每次都会给父母留一些钱，平时在外也经常和父母视频聊天等进行沟通。儿子李立结婚后，与父母李新和王明月共同居住在李新的三室一厅房屋内。后李新因病去世，未留下遗嘱。办理完李新的丧葬后，李立、王明月提出，李立是亲生儿子，李静是养女，李立长年照顾父亲，李静常年在外照顾不足，按照当地风俗为房产"传男不传女"，故房屋应由李立一人继承。李静则认为，房屋中属于李新的份额是遗产，其作为女儿也有权继承。双方协商未果，诉至法院。诉讼过程中，法院要求李立、王明月提供李新父母的死亡证明，如果李新的父母健在，也需要参加诉讼。请问：都谁有继承的权利？

解析

《民法典》规定继承权男女平等，在法定继承中，无论何种身份，男女均享有平等的继承权。在继承人所尽义务相差无几的情况下，分配遗产时应不区分性别平等分配。即便是妻子在丧偶后改嫁、女儿已出嫁等情况,均不影响其对遗产享有相应的继承权,亦不影响其享有与男性平等的继承权。《民法典》第1127条规定的第一顺位继承人中,"子女"范围比较明确,包括"婚生子女、非婚生子女、养子女和有扶养关系的继子女"。对于养子女没有其他限定条件,对于继子女限定必须具有扶养关系。本案中,李静虽为养女,但是其与亲生子李立所尽赡养义务相差无几,在李新去世后,因李新父母先李新去世,第一顺位的继承人为王明月、李立与李静,三人不分性别,不分辈分,享有同等的继承权。不过还需注意的是,在李新留下的房屋中,若房屋属于夫妻共同财产,会有1/2属于王明月的份额,剩余的1/2才作为遗产继承。

政策法律依据

《中华人民共和国民法典》

第一千一百二十六条 继承权男女平等。

第一千一百二十七条 遗产按照下列顺序继承:

(一)第一顺序:配偶、子女、父母;

(二)第二顺序:兄弟姐妹、祖父母、外祖父母。

继承开始后,由第一顺序继承人继承,第二顺序继承人不继承;没有第一顺序继承人继承的,由第二顺序继承人继承。

本编所称子女,包括婚生子女、非婚生子女、养子女和有扶养关系的继子女。

本编所称父母,包括生父母、养父母和有扶养关系的继父母。

本编所称兄弟姐妹,包括同父母的兄弟姐妹、同父异母或者同母异父的兄弟姐妹、养兄弟姐妹、有扶养关系的继兄弟姐妹。

39 儿媳、女婿有继承权吗?

疑惑

李奶奶与乔爷爷育有三个子女,长子乔大,次子乔二,长女乔三。原本李奶奶与乔爷爷住在老旧小区五楼,次子乔二考虑到他们年纪大,行动不便,把二位老人接到自己家中与其一家四口共同生活。李奶奶和乔爷爷住过来后,乔二和妻子李丽将二人照顾得非常好,孙子乔建和孙女乔乔对爷爷奶奶也很孝顺。后因乔爷爷身患重病,治疗1年后去世。李奶奶仍然住在乔二家。2017年乔二外出时意外死亡,此时李奶奶已经年逾80,腿脚不便,身患疾病。李奶奶本准备回老旧小区自己住,或者投靠其他子女,但经儿媳李丽劝说后放弃。李丽对李奶奶一直悉心照顾,还经常给李奶奶购买衣物等。后李奶奶去世,留下老旧小区房屋一套和银行存款10余万元。乔大、乔三认为李丽属于"外人",也非法定继承人,且乔建、乔乔已经代位继承了乔二的份额,李丽不能继承单独份额。各方协商未果,诉至法院。请问:李丽能否继承李奶奶的遗产?

解析

　　丧偶儿媳对公婆、丧偶女婿对岳父母尽了主要赡养义务的，作为第一顺位继承人。一般情况下，公婆或岳父母法定继承人中不包含儿媳、女婿，儿媳、女婿并不享有法定继承权。但是符合特定条件时，也可以作为第一顺位继承人通过法定继承获得遗产。条件有两点：一是丧偶，即儿媳的丈夫或者女婿的妻子即被继承人之子或女已经去世；二是尽了主要赡养义务，其中"主要"和"赡养"皆是关键，不赡养不行，所尽赡养义务非主要义务亦不行。

　　如何认定尽了主要赡养义务，一般而言，包含经济、生活、精神等各方面。既有量的衡量，亦包含时间的衡量。经济方面主要指丧偶儿媳、女婿在经济上给予老人主要资助，包括日常生活、大病医疗等各方面的支出。生活方面主要指与老人共同生活，负责老人日常起居，且这种照料具有长期性。若1年就看望几次、做几次菜都不算尽了主要赡养义务。精神方面则指不能虐待、冷落老人，在生活中能够尊重、关爱公婆或岳父母。本案中，李丽在丈夫去世后，为婆婆提供长期照料，共同居住，为其购买衣物等，符合法律规定尽了主要赡养义务，可以作为婆婆的第一顺位继承人参与继承，不受李丽之子女代位继承的影响，也不受其是否再婚等影响。

政策法律依据

《中华人民共和国民法典》

第一千一百二十九条 丧偶儿媳对公婆,丧偶女婿对岳父母,尽了主要赡养义务的,作为第一顺序继承人。

40 继承人继承遗产的份额怎么确定?

疑惑

王越与前妻离婚后,儿子王轩由他抚养,女儿王云由前妻抚养。3年后,王越与赵凤结婚,二人育有一子王雨。时光飞逝,30年过去,王越因病猝死。王越死后留下房屋两套、存款若干。因去世突然,王越并未立遗嘱。王越丧葬事宜办理完毕后,大家开始商议遗产分割事宜。赵凤表示,王越的财产,四个人平均分割即可。王雨表示,爸爸留下的房屋、存款等均为夫妻共同财产,应先扣除母亲的份额,且平常是母亲照料爸爸,具体份额分割的时候应该多分,应多分5%。王云反驳,平常赵凤对父亲王越算不上多好,父亲经常说吃不好,因王云住得近,经常叫父亲去自己家吃点好的,赵凤应该少分。赵凤解释称王越有"三高",吃东西需要节制。王轩表示,遗产分割还需按照法律规定,一是自己炒股赔了钱,属于生活有特殊困难,分配时应予以照顾。二是王雨刚刚毕业,没给父亲花过一分钱,应当属于不尽抚养义务,应不分或者少分。三是分配应当按照方便实际原则处理,现在赵凤住的房屋归赵凤,另一套房屋和存款大家分分就可以了。四人协商未果,不欢而散。请问:四个继承人遗产份额应如何确定?

解析

在法定继承方式中,被继承人有若干个法定继承人,又未立遗嘱时,必然发生同一继承顺序的法定继承人之间对被继承人所留遗产如何予以分配的问题。继承份额的确定与继承顺序的确定一样,直接影响到继承人的利益,是法定继承的重要问题之一。《民法典》第1130条对如何分配进行了具体规定,从该条看,遗产分配份额的确定主要体现权利义务相一致、扶养老幼困残及协商一致的原则,主要有以下几种情况:

一是遗产分配的总原则。在一般情况下,同一顺序的各个法定继承人,在生活状况、劳动能力和对被继承人所尽的赡养义务等方面基本相同或相近时,所应继承的份额应当均等,即平均分配遗产,这是对同一顺序继承人继承权的平等保护。

二是对生活有特殊困难又缺乏劳动能力的继承人,分配遗产时应当予以照顾。这是照顾型的不均等。必须同时具备生活有特殊困难和缺乏劳动能力两个条件。生活有特殊困难,是指继承人没有独立生活来源或其经济收入难以维持最起码的生活水平。缺乏劳动能力,是指继承人尚无劳动能力或因年迈、病残等原因,丧失或部分丧失劳动能力的情况。对于这种继承人,一旦满足上述两个条件,就应当予以照顾,在取得的遗产份额上应多于其他继承人。照顾的界限和具体的份额应根据其生活特殊困难和缺乏劳动能力的程度来决定。需要注意的是,继承人是否有特殊困难,是否缺乏劳动能力,应以遗产分割时的情况为判断标准。继承人中有缺乏劳动能力又没有生活来源的人,即使遗产不足以清偿债务,也应为其保留适当遗产,然后再按《民法典》和《民事诉讼法》的有关规定清偿债务。

三是对被继承人尽了主要扶养义务或者与被继承人共同生活的继承人,分配遗产时可以多分。这是鼓励型的不均等。对尽了主要扶养义务或者与被继承人共同生活的继承人给予鼓励,是为了弘扬中华民族传统美德,保护老人的合法权益。尽主要扶养义务,是指继承人对被继承人在生活方面承担了主要劳务,如做饭、照顾、护理等,或主要负担其生活费用,给予经济扶持。有的继承人与被继承人长期生活在一起,相互照顾体贴,对被继承人特别是老年人起到了精神慰藉的作用,理应多分遗产。本款规定的分配原则不具有强制性,对以上两种继承人,在分配遗产时可以多分,不是应当多分。而生活有特殊困难又缺乏劳动能力的人,属于依法应当予以照顾的。

四是有扶养能力和有扶养条件的继承人,不尽扶养义务的,分配遗产时,应当不分或者少分。这是惩罚性的不均等。针对的是继承人有扶养能力和扶养条件,且被继承人又需要继承人的扶养,而继承人却不尽扶养义务的情况。这里的不尽扶养义务,通常指尚未达到遗弃的程度。此种情况在分配遗产时是"应当"不分或者少分,而不是"可以"不分或者少分。当然,如果继承人有扶养能力和扶养条件,也愿意尽扶养义务,但被继承人因有固定收入和劳动能力等原因,不需要其扶养的,或者继承人没有扶养能力和扶养条件,不尽扶养义务是因客观原因造成而非主观上拒不履行或不愿尽扶养义务的,分配遗产时,一般不影响其继承份额。

五是允许继承人之间协商,对遗产作不均等的分配。这是协商型的不均等。这体现了继承人之间互谅互让、团结和睦的精神。同一顺序的继承人在不违背法律和道德的前提下,可以自行协商,确定各个继承人的遗产继承份额。继承人协商一致同意不均等分配遗产,应当尊重当事人的意愿,可以某些人多分,某些人少分甚至不分。协商型的不均等必须是全体继承人一致同意不均分,不应实行少数服从多数。

上述案例中,王轩炒股赔了钱并不属于缺乏劳动能力又生活存在特殊困难的情形,不能据此多分遗产。赵凤与王越共同生活,尽了主要扶养义务,可以多分遗产。王云所称赵凤让父亲吃不好,不符合实际,不能据此让赵凤少分遗产。王雨刚工作,并不是有扶养能力和条件而不尽扶养义务的情况,不能据此少分或不分遗产。赵凤可以适当多分遗产,王轩、王雨、王云应当均等继承遗产。

🏛 政策法律依据

《中华人民共和国民法典》

第一千一百三十条 同一顺序继承人继承遗产的份额,一般应当均等。

对生活有特殊困难又缺乏劳动能力的继承人,分配遗产时,应当予以照顾。

对被继承人尽了主要扶养义务或者与被继承人共同生活的继承人,分配遗产时,可以多分。

有扶养能力和有扶养条件的继承人,不尽扶养义务的,分配遗产时,应当不分或者少分。

继承人协商同意的,也可以不均等。

41 非继承人能分得遗产吗?

疑惑

王某与妻子早已离婚,王某带着女儿王丽生活,二人相依为命。王某父母去世得早,亲戚中就仅有一个叔叔王永,王永无妻无女,孤寡一人。王某的父亲去世前,再三嘱咐王某一定把叔叔照顾好。后王丽考上城里的大学,毕业后在城里成家立业,王某留在农村,一边工作一边照顾叔叔王永。王某对叔叔王永照顾有加,王永看病、生活各方面均由王某出资,并且常年陪着、照顾着。转眼间,王某到了退休年龄,一天一个人在家时,突然肚子疼得受不了,幸好隔壁邻居李某听到王某呼救,急忙开车将王某送往医院,并忙前忙后办理各种手

103

续。王某病愈后上门感谢，二人逐渐成为忘年交。平常李某也会上门帮王某打扫卫生、聊聊天，偶尔也会带着王某出去玩，帮助其处理一些日常事宜。王丽知道后十分感激，并请李某多帮忙照顾父亲王某。后王某突发疾病身亡。王永健在，但患有重病。王丽回来处理王某丧葬事宜，其间有人提醒王丽，李某经常照顾王某，王丽应当从王某的遗产中适当分一部分给李某表示感谢，王丽对此予以认可。又有人提出，王永主要依靠王某扶养，也应适当分一些遗产给王永。王丽认为，王某和自己对王永都没有法定赡养义务，已经照顾很多了，不应再分遗产给王永。请问：王永、李某有权获得王某的遗产吗？

解析

  遗产的继承方式，我们熟知的有两种，即法定继承和遗嘱继承。但《民法典》继承编中有一项特殊的制度规定，继承人以外的人在特定条件下，可以要求分割遗产，即对被继承人扶养较多，或者依靠被继承人扶养者，虽然均与被继承人无法定扶养义务，但因某些原因，与被继承人形成客观稳定的扶养、扶助关系，可以要求分割遗产。法律规定非继承人特定条件下适当获得遗产的权利，既是对尊老爱幼、扶危济困传统文化的弘扬，遵循了社会主义核心价值观，也体现了权利义务的一致性原则。

  尽管《民法典》未对扶养较多进行具体规定，但从文义及常理看，扶养较多应是一种无偿的、长期性的行为。可以从以下几个方面综合认定：

一是扶养行为原则上包含生活上的照料、经济上的资助、精神上的慰藉等方面,具体满足其中的一项还是多项才能被认定为扶养较多,要结合个案情况认定。比如,被继承人生前已有充足的退休工资,足以承担个人日常经济开销,那么,扶养人在生活上和精神上照顾和慰藉被继承人,就有可能被认定为扶养较多,并不强行要求经济上的资助。当然,同时符合三项条件,则更容易证明其符合扶养较多的事实,若仅有一项,认定难度也会高一些。

二是认定扶养较多时,要将近亲属之间的法定扶养义务与扶养较多进行区别,是因为亲属间的日常关怀主要基于道义上的义务。实践中,近亲属是否构成扶养较多,一般是考虑其所付出的扶养行为是否达到一个较多的标准,相较于继承人以外其他没有血缘关系的人来讲,认定上的严格程度要更高。

三是扶养较多可以从共同生活、劳力付出、经济资助等方面综合考量。共同生活是指持续稳定的生活,临时性、短期的共同居住尚不足以达到扶养较多的标准。被继承人缺乏生活自理能力的,继承人以外的人在日常生活起居、看病就医等方面,相较于继承人付出较多劳力,可作为扶养较多的考量因素。经济上的资助往往可以通过银行转账、支付单据等形式得以体现,举证难度较低,但能否构成扶养较多,一方面要结合被继承人的实际需求;另一方面要结合资助数额的多少,以及持续时间的长短。除此之外,经常性的探望,精神上的慰藉等也可以作为考量扶养较多的因素之一,但往往证明难度较大,且即便能够证明,仅凭这一项内容很难达到扶养较多的程度,需要结合其他扶养内容综合认定。

上述案例中,王永虽然非继承人,但依靠王某扶养,可适当分得遗产。李某对王某日常照顾、出钱出力,可以认定为扶养较多,虽非继承人,也可以适当分得遗产。

政策法律依据

《中华人民共和国民法典》

第一千一百三十一条 对继承人以外的依靠被继承人扶养的人,或者继承人以外的对被继承人扶养较多的人,可以分给适当的遗产。

42 自书遗嘱应符合什么要件?

疑惑

2021年,王某去世,留下三室一厅房屋一套和四室两厅房屋一套,以及银行存款60余万元。王某的妻子已先于其去世,他和妻子的父母也均已去世。王某有两个儿子,大儿子王大,小儿子王小。因父亲遗产问题二人产生争议。王小拿出王某写给自己的"遗嘱",要求依照"遗嘱"继承。该"遗嘱"标题为《声明》,内容:本人王某名下所有财产,包括银行存款、房屋、家电等均归次子王小所有。上述内容为本人自愿。尾部盖有王某私人印章并捺有指印，落款时间为2017年11月。王小认为，《声明》为王某所立遗嘱，王某的遗产应归其继承。王大则认为文件标题不是"遗嘱"，内容未记载对死后财产的处分，未写明房产位置及存款开户行及数额，落款无王某签名及具体日期，故《声明》并非遗嘱，父亲的遗产应由兄弟二人各自继承一半。二人协商不成，王小诉至法院。请问：王某的《声明》是自书遗嘱吗？

解析

遗嘱的形式包括自书遗嘱、代书遗嘱、打印遗嘱、录音录像遗嘱、口头遗嘱、公证遗嘱。

《民法典》第1134条规定的是自书遗嘱，依据该条规定，自书遗嘱是由遗嘱人自己亲笔书写的，签名，注明时间。具体应注意以下几个方面：

一是自书遗嘱需要遗嘱人亲自书写。作为遗嘱人，立遗嘱一定要自己亲自书写，字迹清晰，语句通顺，没有错别字，段落清晰，同时语句没有歧义。作为遗嘱人，在立遗嘱的时候，必须具备完全民事行为能力，限制民事行为能力人和无民事行为能力人不具有遗嘱能力，不能设立遗嘱，即便立了遗嘱也是无效的。

二是自书遗嘱需要遗嘱人亲笔签名。作为自书遗嘱，如果遗嘱是遗嘱人亲自写的，但是没有签字捺手印，那么这份遗嘱也是无效的，之所以要本人签名，是因为如果遗嘱人不签字则很难认定这份遗嘱是遗嘱人亲自书写的，所以《民法典》明确规定，作为自书遗嘱一定要有遗嘱人亲笔签名，如果不签名，是无效的遗嘱。

三是一定要注明年月日。作为自书遗嘱和录像遗嘱、公证遗嘱一样，都要注明年月日，如果仅仅注明几月几日，会让人产生歧义，因为不知道遗嘱是什么时候写的，避免出现多份遗嘱时，因不清楚先后顺序导致不知道以哪份遗嘱为准。在法律上如果出现多份遗嘱且都有效，但内容有冲突，通常是以最后的遗嘱为准，这就要求遗嘱一定要注明年月日，以便通过年月日辨别遗嘱的先后顺序。

四是处分的遗产一定是个人财产。依据《民法典》第1063条规定，夫妻个人财产包括一方的婚前财产，一方因受到人身损害获得的赔偿或者补偿、遗嘱或者赠与合同中确定只归一方的财产、一方专用的生活用品，这条法律规定得比较具体，但是作为夫妻的共同财产，要依据具体情况进行界定。

五是不需要见证人。自书遗嘱和代书遗嘱不一样，代书遗嘱需要2个以上的见证人。

六是个人财产要写清楚。对于个人财产，如房产的地址，一定要写清楚明白，避免产生歧义，银行卡号是多少，个人的债务情况也说清楚，身份证号码要写清楚，尽量表达清楚，避免一句话有多种含义。

所以自书遗嘱相对其他遗嘱形式而言，更要严谨、细致，如果因为细节未处理好，很可能导致自书遗嘱无效。

上述案例中，王某所立《声明》属于自书遗嘱，但因缺乏亲笔签名、具体日期、死后财产处分等必要要件，应属无效。

政策法律依据

《中华人民共和国民法典》

第一千一百三十四条 自书遗嘱由遗嘱人亲笔书写，签名，注明年、月、日。

43 代书遗嘱应符合什么要件？

疑惑

秦某、李某夫妇共生育三个儿子，分别为长子秦天，次子秦地，三子秦风。秦某、李某夫妇名下各有一套房屋。秦某于2015年去世，未留下遗嘱。因三子未达成一致未对房屋进行分割继承。2021年，李某病重住院，为了避免三子发生纠纷，李某打算立遗嘱。但李某识字不多，书写困难，想找人代写遗嘱。一天，李某的朋友孙某前来看望她，恰好秦风的媳妇也在，李某借机让孙某帮其代写了遗嘱，内容如下：本人李某，现居住于某省某市某区某路某小区30号楼101室，该房屋为本人与丈夫秦某（2015年去世）所有。本人去世后，该房屋属于本人所有的份额全部由小儿子秦风继承，与其他人无关。孙某代写完成后，将遗嘱念给李某听，后李某、孙某和儿媳均在该遗嘱上签名,并标注年、月、日。1年后李某医治无效去世,秦风拿出该份代书遗嘱,表示该房屋中李某拥有的份额应全部由其继承,但秦天、秦地不认可该遗嘱效力。请问:该份代书遗嘱是否符合法律规定?

解析

《民法典》第1135条规定的是代书遗嘱。代书遗嘱,是指由遗嘱人口述他人代替遗嘱人书写遗嘱内容的一种遗嘱形式。因代书遗嘱的内容是由他人代为书写完成,故代书遗嘱又被称为代笔遗嘱。遗嘱是单方法律行为,且遗嘱自由,在法律规定的遗嘱形式范围内,遗嘱人可以自由选择遗嘱形式。在遗嘱人自己没有书写能力或者因其他原因而不能或不愿自己书写遗嘱时,可以由他人代为书写遗嘱内容,最后由遗嘱人对遗嘱进行确认、签字。就遗嘱人而言,其应将全部的遗嘱内容清晰准确地表述出来。就代书人而言,其应将听到的内容如实地记录下来。就其他见证人而言,其应认真倾听遗嘱人所表达的意愿,并认真监督代书人履行了代书职责,同时核对代书人所书写的遗嘱内容是否与遗嘱人所表达的意愿相一致。在订立代书遗嘱的过程中,要注意遗嘱人口述和代书人代书、见证人见证的时空一致性,即时间上同步、地点上同一,也就是遗嘱人、代书人、见证人同时在同一个场合进行订立遗嘱的行为。代书遗嘱也要注明年、月、日,同时需要注意,遗嘱人、代书人、见证人应该在同一份遗嘱的落款处注明年、月、日并签名,否则遗嘱无效;注明的年、月、日三个要素必须齐全,年、月、日三者缺一不可。

  在代书遗嘱中,涉及三类人,一是遗嘱人,二是代书人,三是见证人。实际上,代书人和见证人是有重合的,也就是代书人身兼代书和见证两种职责。因为遗嘱是处分个人财产的重大民事法律行为,为保证遗嘱的真实性以及处分遗嘱人财产的意思表示的准确性,法律规定在订立代书遗嘱时,必须有 2 名以上的见证人在场见证,由其中一人代书,并由遗嘱人、代书人和其他见证人签名,注明年、月、日。代书人在书写完毕遗嘱后,应将遗嘱的内容向遗嘱人进行宣读,或者将代书的遗嘱交由遗嘱人进行审核,以此确保遗嘱人的真实意思被完整、准确地记录下来。需要注意的是,并不是所有的人都可以作为见证人,法律对见证人的范围是有排除性规定的。《民法典》第 1140 条是对见证人的限制性规定,该条规定:"下列人员不能作为遗嘱见证人:(一)无民事行为能力人、限制民事行为能力人以及其他不具有见证能力的人;(二)继承人、受遗赠人;(三)与继承人、受遗赠人有利害关系的人。"

  上述案例中,秦风的媳妇与继承人、受遗赠人有利害关系,不能作为遗嘱见证人,故上述代书遗嘱因少一个符合规定的见证人而无效。

政策法律依据

《中华人民共和国民法典》

  第一千一百三十五条 代书遗嘱应当有两个以上见证人在场见

证,由其中一人代书,并由遗嘱人、代书人和其他见证人签名,注明年、月、日。

第一千一百四十条 下列人员不能作为遗嘱见证人:

(一)无民事行为能力人、限制民事行为能力人以及其他不具有见证能力的人;

(二)继承人、受遗赠人;

(三)与继承人、受遗赠人有利害关系的人。

44 打印遗嘱应符合什么要件?

疑惑

周某丧偶多年,带着儿子周小一同生活,两人相依为命。周小成年后,周某逐渐考虑自己的晚年生活,想要找个老伴。经人介绍认识了比自己小11岁的吴某,相谈甚欢准备结婚。周小得知后因考虑吴某比父亲小11岁,产生顾虑,担心吴某是看中了父亲的财产。周某名下有两套房屋,一套为四室两厅用于自己居住,另一套为三室一厅用于出租,两套房屋地段好、装修好,价值颇高。周某向儿子诉说了结婚的想法后,儿子不同意,表示自己会照顾父亲,也会多陪伴父亲左右。周某感觉到儿子的担心,为了让儿子安心,决定写一份遗嘱,经周小咨询专业人士,周某为儿子手写了一份遗嘱,载明周某死后其

第三章 继承问题

本人名下两套房产全部归其子周小一人继承,并在遗嘱落款处签名、写明年月日。周小收好了该份遗嘱。周某如愿和吴某结婚,婚后两人感情甚好。后周某被查出癌症晚期,住院治疗期间,吴某对其悉心照顾,并经常安慰周某不用担心,自己也有存款,都可以给周某看病,周某的病一定能好,周某很感动。随着周某病情加重,周某开始担心吴某名下无房,其去世后,吴某一定会被周小赶出现在的房子,于是周某动摇了,想要将一套房产留给吴某,但由于周某已经无力书写,提出打印一份遗嘱,并由两个老邻居见证。后吴某找来两位老邻居作见证,打印一页遗嘱一份,写明周某死后名下四室两厅归吴某继承,三室两厅由周小继承。周某阅读后签名并捺手印,2名见证人均签字,遗嘱注明年、月、日。后周某去世,周小、吴某各自拿着手中遗嘱要求分割房产。请问:周某的打印遗嘱是否符合法律规定?效力如何?

解析

随着经济社会的发展,人们的物质生活水平逐步提高,电脑、打印机等物品已经是触手可及的设备,对有些群体来说,甚至已经成为生活、工作的必备品。因此《民法典》继承编新增加了打印遗嘱的形式。打印遗嘱应当有2名以上见证人在场见证,遗嘱人和见证人应当在遗嘱每一页签名,注明年、月、日。在订立打印遗嘱时,需要注意以下要点:

一是在形式上,打印遗嘱需要2名见证人在场,遗嘱人和见证人

均要在该打印遗嘱的每一页签名,注明年、月、日;

二是对见证人的要求,见证人需要有见证能力,且见证人必须是继承人、受遗赠人以及与继承人、受遗赠人有利害关系的人以外的其他人;

三是在内容上,遗嘱系被继承人对其生前取得的合法财产的处分,并且遗嘱应当为缺乏劳动能力又没有生活来源的继承人保留必要的遗产份额。

针对2021年以前订立的打印遗嘱,《最高人民法院关于适用〈中华人民共和国民法典〉时间效力的若干规定》第15条明确规定,《民法典》施行前,遗嘱人以打印方式立的遗嘱,当事人对该遗嘱效力发生争议的,适用《民法典》第1136条的规定,但是遗产已经在《民法典》施行前处理完毕的除外,所以即便是在《民法典》实施之前订立的打印遗嘱,只要遗产尚未处理完毕,也应当适用《民法典》的规定来审查打印遗嘱的效力。

上述案例中,周某的该份打印遗嘱符合法律规定,属于有效遗嘱。又根据《民法典》规定,立有数份遗嘱,内容相抵触的,以最后的遗嘱为准。所以应以吴某持有的打印遗嘱为准。

政策法律依据

《中华人民共和国民法典》

第一千一百三十六条　打印遗嘱应当有两个以上见证人在场见证。遗嘱人和见证人应当在遗嘱每一页签名,注明年、月、日。

45 不用本人书写的遗嘱有哪些？

疑惑

志愿服务站来了一位老大爷咨询遗嘱事宜："同志你好，我不会写字，想问一下怎么才能立遗嘱？"志愿者回复："大爷，您可以用录音录像订立遗嘱，但是需要两个以上的人在场做见证人，并在录音录像中记录他们的姓名或者脸孔，同时记录上时间，时间具体到日。"老大爷接着问："还有其他不用写任何字的遗嘱吗？"志愿者回复："口头遗嘱只要两个以上见证人在场见证，不用写字不用录音录像，但是需要遗嘱人处于非常危急的情况下才行。"老大爷又问："还有没有更加便捷的遗嘱呢？"志愿者答道："公证遗嘱只需要去公证处办理，具体公证处都会指导，也很便捷，但是需要付公证费。"老大爷由衷感谢："原来是这样，太感谢啦。"请问：不用书写的遗嘱都有哪些？

解析

《民法典》第 1134 条至第 1139 条规定了遗嘱的类型，具体有自书遗嘱、代书遗嘱、打印遗嘱、录音录像遗嘱、口头遗嘱、公证遗嘱六种。

自书遗嘱由遗嘱人亲笔书写，签名，注明年、月、日。

代书遗嘱应当有2名以上见证人在场见证,由其中一人代书,并由遗嘱人、代书人和其他见证人签名,注明年、月、日。

打印遗嘱应当有2名以上见证人在场见证。遗嘱人和见证人应当在遗嘱每一页签名,注明年、月、日。

录音录像遗嘱,应当有2名以上见证人在场见证。遗嘱人和见证人应当在录音录像中记录其姓名或者肖像,以及年、月、日。

口头遗嘱是遗嘱人在危急情况下,可以立口头遗嘱。口头遗嘱应当有2名以上见证人在场见证。危急情况消除后,遗嘱人能够以书面或者录音录像形式立遗嘱的,所立的口头遗嘱无效。

公证遗嘱由遗嘱人经公证机构办理。

所以,录音录像遗嘱和口头遗嘱是不用本人书写的。公证遗嘱是否需要本人书写,则根据遗嘱书是自书、代书、打印还是录音录像等情况具体而定。

政策法律依据

《中华人民共和国民法典》

第一千一百三十七条 以录音录像形式立的遗嘱,应当有两个以上见证人在场见证。遗嘱人和见证人应当在录音录像中记录其姓名或者肖像,以及年、月、日。

第一千一百三十八条 遗嘱人在危急情况下,可以立口头遗嘱。口头遗嘱应当有两个以上见证人在场见证。危急情况消除后,遗嘱人能够以书面或者录音录像形式立遗嘱的,所立的口头遗嘱无效。

第一千一百三十九条 公证遗嘱由遗嘱人经公证机构办理。

46 遗嘱要为哪些人保留必要的遗产份额？

疑惑

吴某存在两段婚姻，第一次嫁给徐某，育有一女徐晶，后吴某与徐某离婚，10岁的徐晶归徐某抚养。几年后，吴某与王某再婚，育有一子王子轩。后王某去世，吴某居住在王子轩的房屋中，因吴某有退休金，所以请了保姆照料日常生活，子女偶尔看望吴某并给生活费。吴某80岁时，女儿徐晶去世，留下一套房产，吴某认为其应当继承该房屋相应的份额。但徐晶的丈夫刘某认为该房屋为夫妻共同财产，徐晶仅拥有50%的份额，且徐晶留有遗嘱一份，载明：经本人徐晶慎重考虑，本人名下某市某小区60号楼602号房屋一套为夫妻共同财产，其中属于本人所有的部分，在本人去世后全部由丈夫刘某一人继承。吴某提出，自己属于年老无劳动能力的情况，徐晶订立遗嘱应当保留其必要的遗产份额，否则无效。请问：徐晶的遗嘱是否必须保留吴某的份额？

解析

《民法典》规定，遗嘱应当对缺乏劳动能力又没有生活来源的继承人保留必要的遗产份额。据此，需符合以下条件，才属于必须保留必要遗产份额的情况：一是必须属于能取得继承权的法定继承。这就要求不仅是被继承人的法定继承人，还在继承顺序上有限制。也就是说，在有第一顺序继承人时，第二顺序的继承人无法享受遗嘱应当为其"保留必要的遗产份额"的权利，在此时只有第一顺序继承人或第一顺序继承人放弃继承或丧失继承权时，第二顺序继承人才有该权利。二是法定继承人缺乏劳动能力。所谓缺乏劳动能力，是指在被继承人死亡时，该法定继承人不具备或不完全具备劳动的能力，不能凭其劳动获得必要的生活资料。三是法定继承人没有生活来源。所谓没有生活来源，是指不能从社会或其他个人获得必要的生活资料，不能维持个人最低物质生活水平。只有同时具备上述三个条件，该公民才享有为其保留"必要的遗产份额"权利。

上述案例中，吴某80岁，是被继承人徐晶的第一顺位继承人，显然缺乏劳动能力，但其有退休金，且有其他子女为其提供住处、赡养费，不符合无生活来源的条件，故而其无权要求从徐晶遗产中获得必要遗产份额。

政策法律依据

《中华人民共和国民法典》

第一千一百四十一条　遗嘱应当为缺乏劳动能力又没有生活来源的继承人保留必要的遗产份额。

47　什么是遗嘱的撤回、变更？

疑惑

姜某与刘某结婚后，单位给其分了一套50平方米的房屋，姜某与刘某生育一子一女，儿子姜小，女儿姜美，四人一直在该房屋中居住。后妻子刘某因病去世，子女长大后，也都到城里工作生活。姜某60岁时，其父母去世给他留下的农村老宅赶上拆迁，按照拆迁政策获得一套100平方米的三室一厅和一套80平方米的两室一厅。2015年，姜某做了公证遗嘱，表明其去世后，50平方米的房屋和三室一厅的房屋均归儿子姜小继承，两室一厅的房屋归其女姜美继承。姜某日常居住在50平方米的房里，两室一厅房屋用于出租收租金，三室一厅给了姜小娶妻生子。儿媳得知两室一厅将来要分给姜美很不满意，总是挑唆姜小从父亲姜某那把两室一厅的房屋要过来。姜某感到儿媳不怀好意,明确表示不会把两室一厅给儿子,为此父子关系逐渐恶化,姜小夫妇自此就很少看望姜某。姜美为了照料父亲,将父亲接到自己家生活,姜某被姜美照料得很好。姜某考虑50平方米的房屋一直空置很可惜,在2017年将房屋过户到了姜美名下,并由姜美出租收取租金。2021年,姜某又亲笔写了一份遗嘱,表明其死后,三室一厅房屋由姜小和姜美各继承50%的份额,两室一厅房屋归姜美继承。2021年10月,姜某去世。姜小拿出公证遗嘱要将50平方米房屋和三室一厅房屋过户至自己名下。但姜美拿出2021年的遗嘱。请问:三套房产应该如何继承?

解析

遗嘱的撤回与变更,是指遗嘱人依法改变原先所立遗嘱的部分或者全部内容,使其部分或全部不发生效力。使其全部不发生效力称为遗嘱的撤回,使其部分不发生效力称为遗嘱的变更。《民法典》第1142条规定,遗嘱人可以撤回、变更自己所立的遗嘱。立遗嘱后,遗嘱人实施与遗嘱内容相反的民事法律行为的,视为对遗嘱相关内容的撤回。立有数份遗嘱,内容相抵触的,以最后的遗嘱为准。

《民法典》删除了公证遗嘱效力优先的规定,并明确了存在内容相抵触的多份遗嘱时,以最后的遗嘱为准。

上述案例中,姜某通过过户行为对公证遗嘱中50平方米房屋的处分进行了撤回,又通过自书遗嘱对公证遗嘱中三室一厅房屋的处分进行了变更。所以50平方米的房屋和两室一厅房屋归姜美继承,三室一厅房屋由姜小和姜美各继承50%的份额。

🏛 政策法律依据

《中华人民共和国民法典》

第一千一百四十二条 遗嘱人可以撤回、变更自己所立的遗嘱。

立遗嘱后,遗嘱人实施与遗嘱内容相反的民事法律行为的,视为对遗嘱相关内容的撤回。

立有数份遗嘱,内容相抵触的,以最后的遗嘱为准。

48 什么情况会导致遗嘱无效?

👤 疑惑

邓某和孙某恋爱多年,婚后感情一直很好。后孙某因产后抑郁,患上间歇性精神病。2019年9月,孙某在未发病的情况下,主动提出要写一份遗嘱,将夫妻共同财产的两套房屋中自己的份额进行分配,其中三室一厅中自己的份额全部归邓某继承,另一套两室一厅中属于自己份额的一半由邓某继承,另一半归其父母均等继承。但孙某的父母得知后认为养育女儿这么多年,才分1/4的房产给自己,极为不满,于2020年2月,以带女儿回家休养为由将孙某从精神病院接回家,胁迫孙某写下一份自书遗嘱,将两套房屋中属于孙某的份额均归父母继承。孙某为此受到刺激,病情日益加重。2020年3月,邓某将妻子接回自己家,得知妻子被胁迫写了遗嘱,但因妻子已发病,无法再立遗嘱。邓某拿出2019年9月妻子写的遗嘱,擅自将60%改为80%。后孙某因病情持续加重,于2021年1月坠楼身亡。办理完其丧葬事宜后,各方均要求按照自己持有的遗嘱继承遗产。请问:上述两份遗嘱效力如何?

解析

2020年2月的遗嘱无效。应当以2019年9月的遗嘱为准,但邓某将60%篡改为80%无效,仍应按照60%份额进行遗产分配。

遗嘱无效或部分无效主要包含以下几种类型:

一是立遗嘱人不具有完全民事行为能力。《民法典》第1143条规定,无民事行为能力人或者限制民事行为能力人所立的遗嘱无效。

二是遗嘱内容不是立遗嘱人的真实意思表示。遗嘱内容不是立遗嘱人真实意思表示的情形主要有以下几种:(1)立遗嘱人所立的遗嘱是在受胁迫、受欺骗或神志不清的情况下进行的;(2)伪造的遗嘱;(3)遗嘱被篡改的,篡改的内容无效。这三种情形均是违背了立遗嘱人的真实意思。

三是由于遗嘱继承人的原因导致遗嘱无效。主要是指遗嘱继承人丧失继承权、放弃继承权、先于被继承人死亡的。严格来说,这三种情况应是遗嘱内容无法实现,但其和遗嘱无效的法律后果是一样的。

四是遗嘱内容涉及被处分过或无权处分的财产。如立遗嘱人以遗嘱处分了属于国家、集体或他人所有的财产,部分无效。

五是遗嘱违反法律强制性抚养义务。《民法典》第1141条规定,遗嘱应当为缺乏劳动能力又没有生活来源的继承人保留必要的遗产份额。第1155条规定,遗产分割时,应当保留胎儿的继承份额。胎儿娩出时是死体的,保留的份额按照法定继承办理。

六是遗嘱形式不合法导致遗嘱无效。遗嘱有六种形式:自书遗嘱、代书遗嘱、打印遗嘱、录音录像遗嘱、口头遗嘱、公证遗嘱。每种形式都有订立要求,如果遗嘱的形式不符合要求,会导致遗嘱无效。如代书遗嘱、录音录像遗嘱和口头遗嘱没有见证人或者见证人不符合法律规定等都会导致遗嘱无效。

七是遗嘱继承、遗赠和遗赠抚养协议间冲突造成遗嘱无效。《民法典》第1123条规定,继承开始后,按照法定继承办理;有遗嘱的,按照遗嘱继承或者遗赠办理;有遗赠扶养协议的,按照协议办理。《最高人民法院关于适用〈中华人民共和国民法典〉继承编的解释(一)》第3条规定,被继承人生前与他人订有遗赠扶养协议,同时又立有遗嘱的,继承开始后,如果遗赠扶养协议与遗嘱没有抵触,遗产分别按协议和遗嘱处理;如果有抵触,按协议处理,与协议抵触的遗嘱全部或者部分无效。

上述案例中,孙某在未发病时属于完全民事行为能力人,具备遗嘱能力,故2019年9月其设立的自书遗嘱有效,邓某后来篡改的部分无效,但不影响未篡改部分的效力,结合本案案情,也不属于"篡改

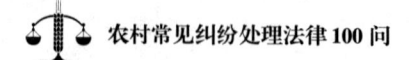

遗嘱,情节严重"情形,不会使邓某失去继承权。2020年2月的遗嘱是孙某被胁迫订立的遗嘱,应属无效。

政策法律依据

《中华人民共和国民法典》

第一千一百四十三条 无民事行为能力人或者限制民事行为能力人所立的遗嘱无效。

遗嘱必须表示遗嘱人的真实意思,受欺诈、胁迫所立的遗嘱无效。

伪造的遗嘱无效。

遗嘱被篡改的,篡改的内容无效。

49 不履行遗嘱附有的义务有什么后果?

疑惑

徐过与杨星结婚时,其子徐天、其女徐月已成年,杨星无子女。婚后,徐过与杨星居住于徐过名下一套两室一厅内,徐过名下还有一套三室一厅,由儿子徐天居住。后徐过病重,其设立自书遗嘱一份,载明,徐过本人去世后,其个人所有的三室一厅房屋、两室一厅房屋均由其子徐天一人继承,但徐天必须同意杨星在两室一厅房屋内居住至离世,且徐天须每月给付杨星 600 元以上的生活费。本人名下其他财产由徐天、杨星、徐月均分。徐天签字写明年月日后将原件交由徐天保管,复印件经杨星、徐天、徐月签字后交由杨星保管。后徐过去世,无其他继承人,杨星、徐天、徐月按照遗嘱进行了遗产分配。徐天依照遗嘱要求履行 1 年后,借故让杨星搬出了两室一厅房屋,也不再支付生活费。杨星诉至法院,以徐天不履行遗嘱所附义务为由,要求取消其接受两室一厅房屋的权利。请问:杨星有权要求徐天接受两室一厅房屋的权利被法院取消吗?

解析

《民法典》第 1144 条规定,遗嘱继承或者遗赠附有义务的,继承人或者受遗赠人应当履行义务。没有正当理由不履行义务的,经利害关系人或者有关组织请求,人民法院可以取消其接受附义务部分遗产的权利。遗嘱人用遗嘱处分个人财产,将财产指定由他人继承时,可以要求继承其财产的人履行特定的义务,这种义务既可以是作为的义务,也可以是不作为的义务。只要遗嘱人附加的义务不违反法律的强制性规定,不违背公序良俗,遗嘱人的这种安排是法律所允许的。可从以下几个方面理解附有义务:

一是遗嘱继承人或者受遗赠人履行所负义务的前提为接受继承或者遗赠。立遗嘱是单方民事法律行为,遗嘱人为遗嘱继承人或者受遗赠人制定附加义务时,并不需要和遗嘱继承人或者受遗赠人达成合意。由于义务附随于遗嘱继承权或者受遗赠权,在遗嘱生效后,遗嘱继承人和受遗赠人可以通过接受或者放弃继承和受遗赠的方式,选择是否履行遗嘱所附加的义务,如果接受,则应当履行该义务;如果放弃,则没有履行该义务的责任。

二是以遗嘱继承人或者受遗赠人不履行遗嘱所附义务的法律后果为由法院取消其接受附义务部分遗产的权利。附加了义务,实际是被继承人为继承人或者受遗赠人取得遗产设置的条件,只有达到条件,才能取得相应遗产。如果继承人或者受遗赠人无正当理由不履行所附义务,就不符合取得遗产的条件,其取得遗产的行为将违背遗嘱人的意愿,此时的救济措施就是利害关系人或者有关组织可以向人民法院提出请求,取消其接受附义务部分遗产的权利。

三是可以向法院申请取消义务人接受遗产的权利主体为利害关系人或者有关组织。

上述案例中,徐天接受的两室一厅房屋是附义务的财产,徐天无正当理由未履行义务,经利害关系人杨星请求,法院可以取消其接受两室一厅房屋的权利。

政策法律依据

《中华人民共和国民法典》

第一千一百四十四条 遗嘱继承或者遗赠附有义务的,继承人或者受遗赠人应当履行义务。没有正当理由不履行义务的,经利害关系人或者有关组织请求,人民法院可以取消其接受附义务部分遗产的权利。

50 遗嘱无效，遗产如何处理？

疑惑

2021年,王某去世,留下三室一厅房屋一套和四室两厅房屋一套,以及银行存款60余万元。王某的妻子已先于其去世,他和妻子的父母均已去世。王某有两个儿子,大儿子王大,小儿子王小。因父亲遗产问题二人产生争议。王小拿出王某写给自己的"遗嘱",要求依照"遗嘱"继承。该"遗嘱"标题为《声明》,内容如下：本人王某名下所有财产,包括银行存款、房屋、家电等均归次子王小所有。上述内容为本人自愿。尾部盖有王某私人印章并摁有指印,落款时间为2017年11月。王小认为,《声明》为王某所立遗嘱,王某的遗产均归其继承。王大则认为文件标题不是"遗嘱",内容未记载对死后财产的处分,未写明房产位置及存款开户行、数额,落款无王某签名及具体日期,故《声明》并非遗嘱,父亲的遗产应由兄弟二人各自继承一半。二人协商不成,王小诉至法院。但法院认定《声明》虽是遗嘱,但因缺乏亲笔签名、日期、死后财产处分等必要要件,属于无效遗嘱。请问：遗嘱无效,遗产怎么处理？

解析

无效遗嘱,是指订立遗嘱违反法律规定,导致其不能生效的遗嘱。遗嘱无效,可以分为部分无效和全部无效两种情况。遗嘱无效的部分,并不影响或停止遗嘱其他部分的生效及执行。在部分无效的情况下,根据这一无效部分不同的具体内容,对遗产要作出不同的处理;如果遗嘱全部无效,死者的遗产应按法定继承处理。

上述案例中,遗嘱无效后,按照法定继承处理。

政策法律依据

《中华人民共和国民法典》

第一千一百五十四条 有下列情形之一的,遗产中的有关部分按照法定继承办理:

(一)遗嘱继承人放弃继承或者受遗赠人放弃受遗赠;

(二)遗嘱继承人丧失继承权或者受遗赠人丧失受遗赠权;

(三)遗嘱继承人、受遗赠人先于遗嘱人死亡或者终止;

(四)遗嘱无效部分所涉及的遗产;

(五)遗嘱未处分的遗产。

51 为胎儿预留的遗产份额如何处理？

疑惑

吴某和许某结婚后一直未生育,因许某从小就是孤儿,很想要一个孩子。结婚3年后,许某出轨。吴某得知后很伤心要求立刻离婚。许某同意离婚,但称两套房产要分其一套,其余财产全部归吴某。吴某同意,二人协议离婚。离婚半月后,吴某发现自己怀孕已有1个半月。许某得知后既开心又懊悔,开心的是自己有后代了,懊悔的是不应该出轨。在许某的百般请求下,吴某也不忍打掉孩子,决定将孩子生下。在胎儿7个月时,许某遭遇车祸意外身亡。吴某经咨询得知,许某死后其腹中胎儿是许某的唯一法定继承人。产期临近,但因胎儿胎位不正,通过剖腹手术取出时已经没有呼吸。请问:胎儿分娩出生时是死体,许某留下的遗产由谁继承?

解析

《民法典》规定,遗产分割时,应当保留胎儿的继承份额。此处的胎儿是指被继承人去世时,尚在母亲腹中的胎儿,也就是所谓的遗腹子。胎儿出生前,不是法律规定的民事主体,但出生后成为民事主体,法律为其保留遗产份额,目的是保障其生活,这是法律对胎儿这类弱势群体的特殊保护。胎儿继承遗产的前提是胎儿出生时是活体,至于之后如何,不受影响。若胎儿出生时为死体,则由其他继承人按照法定继承规则继承。而若遗产无继承人,也无受赠人,则属于无主财产,归国家所有,用于公益事业。如被继承人属于集体经济组织成员,如村集体,则该遗产归集体组织所有。

上述案例中,吴某腹中的胎儿是许某的遗腹子,应为其保留遗产份额。但因胎儿出生时已经死亡,故无法继承,许某的财产因无人继承,归国家所有。

政策法律依据

《中华人民共和国民法典》

第一千一百五十五条　遗产分割时,应当保留胎儿的继承份额。胎儿娩出时是死体的,保留的份额按照法定继承办理。

第一千一百六十条　无人继承又无人受遗赠的遗产,归国家所有,用于公益事业;死者生前是集体所有制组织成员的,归所在集体所有制组织所有。

52 什么是遗赠抚养协议？

疑惑

刘某与王某是同村发小，两人从小一起玩耍、一起学习，长大后一起当兵入伍。退伍后，王某做起了小生意，刘某则回到农村老家以承包土地为生。王某一直忙于生意，没时间谈恋爱，到了结婚年纪仍然单身一人，后生意做得不错，购买一套楼房，准备日后结婚生子。但不幸的是，王某在外出谈生意时发生交通事故，双腿截肢。发小刘某得知消息后，前往医院看望王某，王某伤心欲绝，觉得自此残废，不但再难结婚生子，日后生活都会成问题。刘某见状安慰王某："你别伤心，还有我，大不了你跟我一起生活，我照顾你。"王某听后当真，当即表示，如果刘某能照料他余生，他愿意把自己的房产送给刘某。刘某听后回家和爱人商量，爱人一是看两人感情深厚，二是觉得可以赚一套房产也不亏，于是答应了照顾王某日后生活。为此，王某和刘某写下一份协议，约定由刘某及其家人照顾王某余生，王某去世后，名下房产归刘某所有，并请来村委会的工作人员在场作了见证。2021年，王某因病去世。刘某称，其悉心照料王某生活16年，尽到了生养死葬的义务，双方签订的协议有效，王某的房产应归其所有。请问：王某和刘某签订的协议是什么性质？

解析

遗赠扶养协议是指受扶养人(遗赠人)与扶养人签订的关于扶养人承担受扶养人生养死葬的义务,受扶养人将自己的财产于死后赠与扶养人的协议。遗赠扶养协议的目的是解决受扶养人无法定扶养人或法定扶养人无扶养能力的人的生活保障问题,是我国法律规定的独具特色的遗产转移方式。《民法典》第1158条规定,自然人可以与继承人以外的组织或者个人签订遗赠扶养协议。按照协议,该组织或者个人承担该自然人生养死葬的义务,享有受遗赠的权利。值得注意的是,《民法典》在原《继承法》的基础上扩大了扶养人的范围,不再局限于"集体所有制组织",包括社会养老机构、民间救助机构等在内的组织均可。该项规定补益了过去制度设计的不足,有效填充了立法欠缺,有助于增加遗赠扶养协议的主体,调动社会养老机构、民间救助机构的积极性,满足养老形式多样化的需求,从而推进我国养老事业的发展,不断提升老人等弱势群体的生存质量与人格尊严。所以根据签订主体的不同,可以将遗赠扶养协议分为两种,一种是自然人和继承人以外的组织签订的协议;另一种是自然人和继承人以外的个人签订的遗赠扶养协议。

在签订和适用遗赠扶养协议的过程中,要注意以下几个方面的问题:一是遗赠人必须是具有完全民事行为能力、有一定的可遗赠的财产并需要他人扶养的自然人。二是扶养人必须是遗赠人法定继承人以外的个人或组织,并具有完全民事行为能力、能履行扶养义务。

三是遗赠扶养协议为双方法律行为,须有双方的意思表示一致才能成立。四是遗赠扶养协议为诺成法律行为,自双方意思表示达成一致时起即发生效力。五是为避免履行过程中发生不必要的争议,遗赠扶养协议一般应采用书面形式。六是遗赠扶养协议为双务有偿法律行为,扶养人需对遗赠人承担生养死葬的义务,遗赠人也有将自己的财产遗赠给扶养人的义务。七是遗赠扶养协议具有效力优先性,遗赠扶养协议与遗赠、遗嘱继承并存时,优先执行遗赠扶养协议。

上述案例中,王某和刘某签订的为遗赠扶养协议。

政策法律依据

《中华人民共和国民法典》

第一千一百五十八条 自然人可以与继承人以外的组织或者个人签订遗赠扶养协议。按照协议,该组织或者个人承担该自然人生养死葬的义务,享有受遗赠的权利。

53 遗赠扶养协议与遗嘱冲突时,哪个优先?

疑惑

李某农村房屋拆迁后获得两套住房,一套四室两厅用于自住,另一套三室一厅用于出租收取租金。其长子李志才,次子李志裕均在外地工作,回家时间较少。李某在54岁时患了肺癌,遂辞去工作进行治疗。渐渐地,李某生活不能自理,需要他人照看。邻居曹某见状提出可以由其来照顾李某,条件是要求李某在去世后将三室一厅房屋送给他。李某思考再三后同意,双方签署一份协议。后曹某按照约定用心照顾李某。李某在6年后因病情恶化再次入院,住院期间,其悄悄避开曹某,书写遗嘱一份交给前来探望他的两个儿子。遗嘱主要内容:四室两厅的房子归长子李志才,三室一厅的房子归次子李志裕,李某剩余存款由李志才、李志裕按照四六的比例分别继承。后李某去世,曹某提出三室一厅的房子应归其所有,李志裕认为曹某手中的协议本质为遗嘱,其有在后的遗嘱,三室一厅房屋应由其继承。请问:遗嘱和遗赠抚养协议冲突时,应该如何处理?

解析

一般而言,遗嘱具有确定遗产分配的效力,但是在遗嘱与遗赠扶养协议同时存在时,法律有特别规定。具体而言,继承开始后,按照法定继承办理;有遗嘱的,按照遗嘱继承或者遗赠办理;有遗赠扶养协议的,按照协议办理。

遗赠扶养协议是指受扶养人(遗赠人)与扶养人签订的关于扶养人承担受扶养人生养死葬的义务,受扶养人将自己的财产于死后赠与扶养人的协议,其本质是一种有偿、等价交换。遗赠是遗嘱人生前对其合法遗产进行的个人处分,于遗嘱人死亡时生效。本案中,李某与曹某约定由曹某对李某患病生活不能自理期间进行照顾、扶养,李某死后其遗产中的三室一厅房屋归曹某所有,实质系以扶养为前提的遗赠,属于遗赠扶养协议,与一般的遗嘱存在差异,在曹某履行了扶养义务后,遗赠扶养协议有优先于法定继承、遗嘱继承的效力,遗嘱与遗赠扶养协议冲突部分无效。故此,曹某与李某之间的遗赠扶养协议应优先于李某的遗嘱,三室一厅房屋应当归曹某所有。

🏛 政策法律依据

《中华人民共和国民法典》

第一千一百二十三条 继承开始后,按照法定继承办理;有遗嘱的,按照遗嘱继承或者遗赠办理;有遗赠扶养协议的,按照协议办理。

54 分割遗产时应注意哪些事项?

疑惑

郑某为郑村农民,颇有经济头脑,挣得不少家产。为了防止自己去世后,继承人争夺影响家庭和睦,遂咨询律师后留下一份遗嘱,并指定律师为遗嘱执行人。郑某去世后,家人打理完后事,请律师来分割遗产。律师宣读了郑某的遗嘱,遗嘱载明:本人郑某,拥有本村20

号院房屋一套,为夫妻共同财产,其中50%份额为本人遗产,由儿子郑小继承。属于本人所有的存款100万元,女儿郑一继承30万元,妻子刘芳继承30万元,儿子郑小继承10万元,父亲郑始继承10万元,众人对遗嘱真实性均认可。同时,律师拿出一些资料,表示郑某去世时欠税款共计12万元,还有一份判决书载明郑某欠其他人一笔债务30万元,都需要从遗产里扣除。律师又表明,郑某是独生子女,郑某的父亲郑始年老且无生活来源,分割遗产时需为其保留必要份额,清偿税款和债务时,郑始继承的10万元不应扣减。但其他人对律师的说法产生了质疑。请问:分割遗产时需要注意哪些事项?

解析

根据《民法典》的规定,遗产是自然人死亡时遗留的个人合法财产。分割遗产时,应当清偿被继承人依法应当缴纳的税款和债务;但是,应当为缺乏劳动能力又没有生活来源的继承人保留必要的遗产。继承人以所得遗产实际价值为限清偿被继承人依法应当缴纳的税款和债务。故分割遗产时需要注意以下事项:

一是先分出夫妻共同财产中配偶的一半。夫妻在婚姻关系存续期间所得的共同财产,除另有约定的,在分割遗产时,应当先将共同所有财产的一半分出,划归配偶所有,其余的才是被继承人的遗产。

二是先扣除被继承人生前所欠的债务或应缴的税款。

三是应当为缺乏劳动能力又没有生活来源的继承人保留必要的遗产。

四是应当为胎儿保留必要的遗产份额。

五是遗产分割应当有利于生产和生活需要,不损害遗产的效用。不宜分割的遗产,可以采取折价、适当补偿或者共有方法处理。

上述案例中,12万元的税款和30万元的债务需在分割遗产时先行处理。郑某仅给予缺乏劳动能力且无生活来源的父亲10万元,是否需要再保留必要的遗产份额应根据实际生活情况而定,但清偿债务和税款时仍需先考虑郑始的必要遗产部分。

🏛 政策法律依据

《中华人民共和国民法典》

第一千一百五十九条 分割遗产,应当清偿被继承人依法应当缴纳的税款和债务;但是,应当为缺乏劳动能力又没有生活来源的继承人保留必要的遗产。

55 继承人要清偿被继承人的全部债务吗?

👤 疑惑

周某经营一家公司,在公司发展过程中遭遇"瓶颈",想要投资新领域寻求转机。投资新的领域需要大量的资金,周某就以公司作为

137

贷款人，自己作为担保人，向银行贷款450万元，并以个人名义向亲朋好友借款300万元，并同意按年利率24%支付利息。新的投资并没有想象的那么乐观，没有大的盈利，偶尔还有小的亏损，但高额的借款本息越滚越多。生意中的烦恼已经压得周某喘不过气来，又恰逢工人在工作中发生意外，两死一伤，这彻底压倒了周某，致使周某在疲劳驾驶中开下山坡，不幸身亡。周某死后，妻子徐某伤心欲绝，勉强将周某的后事处理完，无力继续经营公司，徐某将员工的欠付工资开完，公司彻底停业了。但债权人陆续找上了门，所有债务加起来，至少800万元，而周某和徐某夫妇的财产加起来也不到400万元。周某的法定继承人为其父母及妻子。父母表示放弃继承，周某的妻子徐某表示同意继承，但不同意偿还全部债务。请问：徐某是否应偿还周某的全部债务？

解析

《民法典》第1161条规定，继承人以所得遗产实际价值为限清偿被继承人依法应当缴纳的税款和债务。超过遗产实际价值部分，继承人自愿偿还的不在此限。继承人放弃继承的，对被继承人依法应当缴纳的税款和债务可以不负清偿责任。根据该条规定，我国对于遗产债务的清偿，采取的是限定继承原则，也就是说，继承人对被继承人的遗产债务承担的是以继承的遗产实际价值为限的有限清偿责任，而非无限清偿责任。依据该原则，继承人接受遗产后，对于被继承人生前依法应当缴纳的税款和个人所欠债务，仅在其接受遗产的实际价值范围内,承担清偿义务。对于超出遗产实际价值的债务,可以不负清偿责任。

采用限定继承原则的原因主要在于,一方面,被继承人和继承人之间虽具有亲属关系,但二者是平等独立的主体,各自具有独立的民事行为能力和责任能力,各自理应以自己所有的财产为限承担责任;另一方面,根据权利义务相一致原则,继承人继承遗产,取得权利的同时必须承担一定的义务,即清偿被继承人所负债务,但这一义务应以继承人所继承的遗产范围为限。如果超出继承遗产的范围由继承人清偿被继承人的债务,对继承人的要求过于苛刻。

上述案例中,徐某应在其继承周某遗产范围内清偿债务,超出部分的债务,除其自愿偿还外,不用承担。

政策法律依据

《中华人民共和国民法典》

第一千一百六十一条 继承人以所得遗产实际价值为限清偿被继承人依法应当缴纳的税款和债务。超过遗产实际价值部分,继承人自愿偿还的不在此限。

继承人放弃继承的,对被继承人依法应当缴纳的税款和债务可以不负清偿责任。

56 遗嘱和遗赠有什么区别？

疑惑

许某 25 岁时，与妻子郑某结婚，育有一子许小。30 岁时，徐某因工作原因外派到西藏。分居 8 年，夫妻感情日渐淡薄，后经协商办理离婚，许小随母亲郑某生活。离婚后，徐某在西藏期间一直独自生活。邻居老谢夫妇见徐某一人在外工作不容易，对徐某很照顾，像对待亲生儿子一样。徐某在外无亲无故，老谢夫妇的照顾让他感到很温暖，也视老谢夫妇如自己父母一样。老谢夫妇有一子，因为两人老来得子，取名谢童。谢童与许某感情很好，像兄弟一般。多年后，老谢夫妇已年过 70，谢童才刚刚成年，许某看谢某很担心儿子以后的生活，便表示愿意将自己名下的房屋通过遗赠的方式赠与谢童，供其娶妻生子，还找来 2 个村民作见证。可没过多久，许某查出身患癌症晚期，病危之际十分想念自己的儿子，故与儿子许小取得了联系。虽然许小很少与父亲见面，但得知父亲病重后，便前往西藏陪父亲看病生活。3 个多月后，许某医治无效死亡，留下房屋一套和存款若干，许小办理完父亲后事后，开始整理父亲的遗产，但老谢夫妇提出来，许某已经将房屋遗赠给了谢童，并请了 2 个村民作为见证。但许小认为，老谢一家虽然对父亲照顾有加，但谢童不是继承人，无权继承房屋。请问：谢童能继承许某的房屋吗？

第三章 继承问题

解析

许某名下房产已经通过遗赠的方式赠与谢童,故谢童可以继承房产,存款应由其儿子许小继承。遗嘱是指人生前在法律允许的范围内,按照法律规定的方式对其遗产或其他事务所作的个人处理,并于遗嘱人死亡时发生效力的法律行为。遗赠是遗嘱人用遗嘱的方式将个人财产的一部分或全部于死后赠给国家、集体或法定继承人以外的人。遗嘱和遗赠的区别主要包含以下几个方面:

一是主体不同。遗嘱的继承人只能是法定继承人中的一个人或是数人;遗赠的受遗赠人可以是国家、集体或法定继承人以外的人。

二是主体承担的义务不同。遗嘱的继承人不仅有权继承遗产,而且要负责清偿被继承人应当缴纳的税款和债务;而受遗赠人一般不需要承担清偿遗赠人债务的义务,但受遗赠人须在遗赠人的税款债务清偿后,才能接受遗赠的财产。如果遗产不足以清偿债务时,受遗赠人无权接受遗赠,但受遗赠人不负有清偿的责任。

三是取得遗产的方式不同。遗嘱继承人可以直接参与遗产的分配从而取得财产;受遗赠人一般不直接参与遗产的分配,是从遗嘱执行人或遗嘱继承人那里取得遗产。

四是作出接受表示的要求不同。遗嘱继承人需在遗产处理前作出放弃继承的表示,不表示放弃的,视为接受;受遗赠人应在知道受遗赠后 60 日内作出接受的表示,如没有表示,视为放弃接受遗赠。

政策法律依据

《中华人民共和国民法典》

第一千一百二十四条 继承开始后,继承人放弃继承的,应当在遗产处理前,以书面形式作出放弃继承的表示;没有表示的,视为接受继承。

受遗赠人应当在知道受遗赠后六十日内,作出接受或者放弃受遗赠的表示;到期没有表示的,视为放弃受遗赠。

第一千一百三十三条 自然人可以依照本法规定立遗嘱处分个人财产,并可以指定遗嘱执行人。

自然人可以立遗嘱将个人财产指定由法定继承人中的一人或者数人继承。

自然人可以立遗嘱将个人财产赠与国家、集体或者法定继承人以外的组织、个人。

自然人可以依法设立遗嘱信托。

57 受遗赠人先于遗赠人死亡,遗赠的财产如何处理?

疑惑

张某与妻子王某家住张村,二人有一位朋友刘某,刘某在年轻时对张某夫妇帮助很多。后刘某年岁渐大,身体越来越差,而且刘某的长女意外去世,刘某的日子过得一天不如一天。张某夫妇始终惦念着刘某早年的帮助,常常对刘某给予照顾。2007年,张某夫妇共同立下一份遗嘱,载明在张某死后,张某居住的平房中分出1间赠给刘某。张某的儿子小张,刘某的儿子小刘都知道这份遗嘱。2010年,刘某重病去世,张某及妻子王某未想到修改遗嘱。2021年,张某及妻子王某相继去世。丧葬事宜办理完毕后,在对老人的遗产进行分割时,刘某的儿子小刘要求依照遗嘱取得张某赠与父亲刘某的1间房屋,但是遭到小张的拒绝。后小刘诉至法院,要求继承刘某受遗赠的财产。请问:小刘能胜诉吗?

解析

遗赠是遗嘱人用遗嘱的方式将个人财产的一部分或全部于死后赠给国家、集体或法定继承人以外的人的一种法律制度。是遗嘱人以遗嘱处分其遗产的一种方式。遗赠财产的人叫遗赠人,承受遗赠财产的人叫受遗赠人或遗赠受领人。遗赠有以下特点:一是一种单方法律行为。只要将遗赠内容载入遗嘱,不需要遗赠受领人同意即可产生法律效力。但遗赠受领人可以拒绝接受,也可以放弃受遗赠。拒绝接受或者放弃后,该项被放弃的遗产由其他继承人按比例分配。二是遗赠人只能是自然人,遗赠受领人既可以是自然人,也可以是法人。但作为遗赠受领人的自然人必须是法定继承人以外的人。三是死后法律行为。遗赠人生前所为的遗赠行为只有到他死亡时才发生法律效力,遗赠受领人才有权取得遗嘱中所指定的遗产。四是一种无偿法律行为。遗赠人只能通过遗赠给受遗赠人带来某种财产利益。只有当遗产中的利益大于债务时,遗赠人方可将全部或部分遗产赠与受遗赠人,以使其最终获得利益。

遗赠的生效时间是遗嘱人死亡时的时间,所以如果受遗赠人在遗赠人之前死亡,他本人并没有获得遗赠的财产,其继承人亦不存在代位继承,此时遗嘱中关于遗赠的部分无效,遗赠所涉及的财产无其他遗嘱的应当按照法定继承处理。

上述案例中,因受遗赠人刘某在遗赠人张某死亡前就已经去世,故张某遗嘱中死后将1间房屋赠与刘某的部分无效,刘某无权接受该房屋,其子小刘也无权要求获得该房屋,该房屋适用法定继承方式由张某之子小张继承。

政策法律依据

《中华人民共和国民法典》

第一千一百五十四条 有下列情形之一的,遗产中的有关部分按照法定继承办理:

(一)遗嘱继承人放弃继承或者受遗赠人放弃受遗赠;

(二)遗嘱继承人丧失继承权或者受遗赠人丧失受遗赠权;

(三)遗嘱继承人、受遗赠人先于遗嘱人死亡或者终止;

(四)遗嘱无效部分所涉及的遗产;

(五)遗嘱未处分的遗产。

第三章 继承问题

58 私生子有继承权吗？

疑惑

赵某今年 50 岁，事业有成，家庭富有，但和妻子吴某的感情一直不太好，二人育有一子赵一，今年 20 岁。由于赵某和吴某长期夫妻感情不和，虽然没有离婚，但赵某在外面找了一个情人徐某，并且生了一个儿子赵小。妻子吴某知道后很气愤，但为了儿子和财产，并没有和赵某离婚，而是偷偷地收集赵某出轨的证据，想着有朝一日让赵某净身出户。可就在吴某的证据收集得差不多了，准备提起离婚诉讼时，赵某因车祸意外身亡。徐某找上门，要求分割赵某的遗产。吴某对此十分恼怒，认为徐某不仅不觉得做第三者可耻，还好意思分财产，但徐某表示，虽然其与赵某无婚姻关系，但孩子赵小是赵某亲生的，有权继承父亲赵某的遗产。请问：赵小是否有权继承赵某的遗产？

解析

私生子是一种民间称谓，法律上把私生子称为非婚生子女。非婚生子女虽然是男女双方在不具备合法婚姻关系时所生的子女，但由于天然的血缘关系，并不影响其与父母之间的法律关系。所以《民

145

法典》规定,非婚生子女享有与婚生子女同等的权利,任何人不得加以危害和歧视,当然也包括继承权。

上述案例中,赵小是赵某的非婚生子,与婚生子赵一享有同等的权利,故亦有法定继承的权利。

🏛 政策法律依据

《中华人民共和国民法典》

第一千一百二十七条 遗产按照下列顺序继承:

(一)第一顺序:配偶、子女、父母;

(二)第二顺序:兄弟姐妹、祖父母、外祖父母。

继承开始后,由第一顺序继承人继承,第二顺序继承人不继承;没有第一顺序继承人继承的,由第二顺序继承人继承。

本编所称子女,包括婚生子女、非婚生子女、养子女和有扶养关系的继子女。

本编所称父母,包括生父母、养父母和有扶养关系的继父母。

本编所称兄弟姐妹,包括同父母的兄弟姐妹、同父异母或者同母异父的兄弟姐妹、养兄弟姐妹、有扶养关系的继兄弟姐妹。

第一千零七十一条 非婚生子女享有与婚生子女同等的权利,任何组织或者个人不得加以危害和歧视。

不直接抚养非婚生子女的生父或者生母,应当负担未成年子女或者不能独立生活的成年子女的抚养费。

59 什么情况下会丧失继承权？

疑惑

周某有两个子女,姐姐周悦和弟弟周新。周悦天生残疾,无劳动能力。在姐弟成年后,母亲先去世,后父亲也去世了。父亲周某生前考虑到周悦因残疾无劳动能力生活困难,儿子周新生活条件优渥,故留下遗嘱,自己和妻子遗产的 4/5 由女儿周悦继承,1/5 由儿子周新继承。周某去世后,周新收拾东西发现了遗嘱,就将遗嘱改为自己继承 4/5,姐姐周悦继承 1/5。这份遗嘱经鉴定为被篡改过的遗嘱。周悦向法院起诉,要求确认父母遗产归自己所有,周新失去继承权。法院支持了周悦的诉讼请求。请问:周新为何失去继承权?

解析

继承权的丧失,又称继承权的剥夺,是指依照法律规定在发生法定事由时,剥夺继承人继承遗产的资格。继承权的丧失具有以下特点:一是继承权的丧失是继承人继承遗产资格的丧失。继承人一旦丧失继承权,也就失去了其作为继承人的资格,不再具有继承人的法律地位。二是继承权的丧失是指依法剥夺继承人的继承资格。根据《民法典》的规定,只有在继承人对被继承人或者其他继承人有某种犯罪行为或者其他严重违法行为的法定事由发生时，才会被依法剥夺继承权。三是继承权的丧失由人民法院确认。剥夺继承人的继承资格，只有人民法院才能确认，其他任何单位或者个人都无权确认继承人丧失继承权。

《民法典》第1125条第1款规定，继承人有下列行为之一的，丧失继承权：(1)故意杀害被继承人；(2)为争夺遗产而杀害其他继承人；(3)遗弃被继承人，或者虐待被继承人情节严重；(4)伪造、篡改、隐匿或者销毁遗嘱，情节严重；(5)以欺诈、胁迫手段迫使或者妨碍被继承人设立、变更或者撤回遗嘱，情节严重。继承权的丧失，不仅适用于法定继承，也适用于遗嘱继承。因继承权是一种民事权利，丧失继承权是一种民事制裁，而自然人的继承权受法律的保护，不能随意剥夺，因此丧失继承权必须是出现了上述情形。

如果继承人确有悔改表现，被继承人表示宽恕，可不确认其继承权丧失。《民法典》第1125条第2款规定，继承人有前款第3项至第5项行为，确有悔改表现，被继承人表示宽恕或者事后在遗嘱中将其列为继承人的，该继承人不丧失继承权。这是丧失继承权的宽恕制度，在此之前，司法解释已有类似规定，但《民法典》的表述更为清晰。宽恕制度充分体现了尊重被继承人的意愿。继承人与被继承人之间因有血缘或者其他人身关系，如果犯错的继承人弃恶从善，被继承人能够对其宽恕，法律没有必要强制干涉、过分介入。不过《民法典》将宽恕的范围限制在一定程度内，对于故意杀害被继承人和为争夺遗产而杀害其他继承人的不适用宽恕制度。

上述案例中，周悦为残疾人，无劳动能力，周新在明知其生活困难的情况下,擅自篡改遗嘱,侵害周悦的利益,属于情节严重,故而其继承权丧失,周某的所有遗产均归周悦继承。

🏛 政策法律依据

《中华人民共和国民法典》

第一千一百二十五条　继承人有下列行为之一的,丧失继承权:

（一）故意杀害被继承人;

（二）为争夺遗产而杀害其他继承人;

（三）遗弃被继承人,或者虐待被继承人情节严重;

（四）伪造、篡改、隐匿或者销毁遗嘱,情节严重;

（五）以欺诈、胁迫手段迫使或者妨碍被继承人设立、变更或者撤回遗嘱,情节严重。

继承人有前款第三项至第五项行为,确有悔改表现,被继承人表示宽恕或者事后在遗嘱中将其列为继承人的,该继承人不丧失继承权。

受遗赠人有本条第一款规定行为的,丧失受遗赠权。

《最高人民法院关于适用〈中华人民共和国民法典〉继承编的解释（一）》

第九条　继承人伪造、篡改、隐匿或者销毁遗嘱,侵害了缺乏劳动能力又无生活来源的继承人的利益,并造成其生活困难的,应当认定为民法典第一千一百二十五条第一款第四项规定的"情节严重"。

60 哪些财产可以作为遗产？

疑惑

许某和周某生有一子许小。2001年11月，经过分家析产，约定许小分得房屋2间，父母享有其中的1间产权。分家时许小未婚，仍与父母共同生活。2003年6月，许小与杨小结婚，婚后与父母一起生活。2008年11月，杨小病故，二人未生育子女，杨小留下的个人遗产为被、褥各2床，沙发1对等。夫妻共同财产为电视机1台、摩托车1辆，由于杨小是孤儿，许小没有分割遗产。

2012年10月，许小与刘小再婚，2个月后许小和刘小搬出单独居住生活，许小从原来的财产里带走电视机1台、摩托车1辆。2021年6月，许小在外务工时意外身亡，许小和刘小婚姻期间购买洗衣机1台。许小遗留的个人财产有房屋2间、电视机1台、摩托车1辆。此外，许小有投资的股票及采矿设备1套、存款1万元。许小生前还在保险公司购买人身保险，受益人为妻子刘小。保险公司应支付保险金10,000元。请问：哪些财产可以作为遗产被继承？

解析

《民法典》第1122条规定，遗产是自然人死亡时遗留的个人合法财产。依照法律规定或者根据其性质不得继承的遗产，不得继承。该条对遗产继承范围的规定，相比《继承法》(已失效)第3条采取列举式与概括式相结合的方式，更加灵活，主要考虑到随着市场经济的不断发展，经济生活中财产的种类丰富多样，新的财产类型不断出现，《民法典》总则编也规定了各种财产权的种类，没有必要在继承编重复列明各种财产类型。因此，本条概括规定了遗产的范围，即遗产是自然人死亡时遗留的个人合法财产。而总则编将自然人可以继承的财产权利概括为五大类，包括物权、债权、知识产权、投资获得的权益、其他财产性权利。

对于人身保险的保险金能否列入被保险人的遗产，《最高人民法院关于保险金能否作为被保险人遗产的批复》作了进一步的明确：根据我国保险法规有关条文规定的精神，人身保险金能否列入被保险人的遗产，取决于被保险人是否指定了受益人。指定了受益人的，被保险人死亡后，其人身保险金应付给受益人；未指定受益人的，被保险人死亡后，其人身保险金应作为遗产处理，可以用来清偿债务或者赔偿。

上述案例中，许小前妻去世后，因其无其他继承人，其前妻的个人财产和夫妻共同财产中的一半，均由许小继承。许小去世后，除夫妻共同财产中属于妻子刘小的一半份额，其他财产属于其遗产。但保险金由于受益人是刘小，故不属于遗产。

政策法律依据

《中华人民共和国民法典》

第一千一百二十二条 遗产是自然人死亡时遗留的个人合法财产。

依照法律规定或者根据其性质不得继承的遗产，不得继承。

61 未婚同居期间一方死亡，另一方能否继承遗产？

疑惑

刘某与王某于2007年经人介绍认识，后确认恋爱关系，双方一直以夫妻名义共同居住，并于2013年在农村老家举办了婚礼，未办理结婚登记。不久，刘某与父亲刘老一起开了一家杂货店，生意兴隆。2021年，刘某在进货途中遭遇车祸身亡，王某想要对刘某的财产进行继承，但刘老以王某与刘某没有进行结婚登记为由拒绝。请问：王某是否有继承权？

解析

　　法定继承第一顺序继承人中的"配偶"是指通过婚姻登记机关登记，合法婚姻关系中的配偶，未办理结婚登记而以夫妻名义共同生活的男女，一方在同居期间死亡的，另一方是不能以配偶身份主张自己享有继承权的。但是有一种例外情况，即男女双方在1994年2月1日之前就已经开始同居，由于法律上承认他们的事实婚姻关系，因此可以作为死者的配偶继承遗产。

　　上述案例中，刘某与王某的同居时间晚于1994年2月1日，不能认定为事实婚姻，故王某不能作为配偶继承刘某的遗产。

政策法律依据

《中华人民共和国民法典》

第一千零四十九条　要求结婚的男女双方应当亲自到婚姻登记机关申请结婚登记。符合本法规定的，予以登记，发给结婚证。完成结婚登记，即确立婚姻关系。未办理结婚登记的，应当补办登记。

《最高人民法院关于适用〈中华人民共和国民法典〉婚姻家庭编的解释（一）》

第三条　当事人提起诉讼仅请求解除同居关系的，人民法院不予受理；已经受理的，裁定驳回起诉。

　　当事人因同居期间财产分割或者子女抚养纠纷提起诉讼的，人

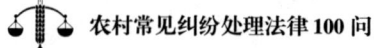

民法院应当受理。

第七条 未依据民法典第一千零四十九条规定办理结婚登记而以夫妻名义共同生活的男女,提起诉讼要求离婚的,应当区别对待:

(一)1994年2月1日民政部《婚姻登记管理条例》公布实施以前,男女双方已经符合结婚实质要件的,按事实婚姻处理。

(二)1994年2月1日民政部《婚姻登记管理条例》公布实施以后,男女双方符合结婚实质要件的,人民法院应当告知其补办结婚登记。未补办结婚登记的,依据本解释第三条规定处理。

第八条 未依据民法典第一千零四十九条规定办理结婚登记而以夫妻名义共同生活的男女,一方死亡,另一方以配偶身份主张享有继承权的,依据本解释第七条的原则处理。

62 出嫁的女儿能否继承父母的财产?

疑惑

徐某与妻子刘某均为徐村农民。二人婚后育有二子一女。转眼间,孩子成年,两个儿子都已经结婚,并且搬出去独立居住,女儿也嫁到了隔壁村,虽然一家人不在一起居住,但儿子和女儿都会定期来看望老人,并且定期给他们赡养费。2021年,徐某和妻子刘某先后因病去世。二人留下的遗产是农村的老房子5间和存款3万元,未留下遗嘱。徐某的两个儿子和女儿一起办理完丧葬事宜后,两个儿子商量平均分割父母留下的所有遗产。女儿得知后,提出她也有权继承父母的遗产。两个儿子不同意,说她已经出嫁,父母也给了嫁妆,外嫁女没有权利继承父母的遗产。请问:外嫁女能继承父母的遗产吗?

解析

外嫁女是家庭关系中的女儿因为结婚而嫁出娘家的说法,其作为父母的子女,是法定继承的第一顺序继承人,其有继承父母合法财产的权利。按照《民法典》的规定,无论是儿子、女儿,也无论儿子是否娶妻生子,女儿是否嫁人,均享受平等的继承权。在处理外嫁女的继承权时,还需注意以下几个问题:一是外嫁女享有平等的继承权,但在分割遗产份额时,还需考虑外嫁女对父母的赡养情况,是否与其他继承人尽到同样的赡养义务。二是外嫁女虽然获得过父母赠与的嫁妆,但不因此影响其继承父母遗产的份额。三是外嫁女若在父母死亡多年后才回家要求继承遗产的,还需注意诉讼时效的问题。

上述案例中,徐某和妻子刘某的女儿虽然已出嫁,但尽到了赡养义务,有权继承父母的遗产。

政策法律依据

《中华人民共和国民法典》

第一千一百二十七条 遗产按照下列顺序继承:

（一）第一顺序：配偶、子女、父母；

（二）第二顺序：兄弟姐妹、祖父母、外祖父母。

继承开始后，由第一顺序继承人继承，第二顺序继承人不继承；没有第一顺序继承人继承的，由第二顺序继承人继承。

本编所称子女，包括婚生子女、非婚生子女、养子女和有扶养关系的继子女。

本编所称父母，包括生父母、养父母和有扶养关系的继父母。

本编所称兄弟姐妹，包括同父母的兄弟姐妹、同父异母或者同母异父的兄弟姐妹、养兄弟姐妹、有扶养关系的继兄弟姐妹。

63 什么是代位继承？

疑惑

肖某与妻子徐某在肖村有一栋两层小楼，二人婚后生有二子一女，长子肖一、次子肖二、女儿肖月。肖一与妻子育有一子肖来，肖来与妻子王芳育有一子肖梓、一女肖花。肖二育有一子肖西、一女肖笑。肖月收养两子徐东、徐北。肖一于2000年意外死亡。2007年，肖某病逝，立下遗嘱，将其所有遗产由妻子徐某继承。肖月于2008年死亡，肖二于2010年死亡。肖来于2014年死亡。2018年，徐某去世，未留下遗嘱。死后，其继承人未对房屋进行分割。2019年10月，某公司征用了徐某所遗留房屋,给付房屋折价款 10 万元。次年,肖西从折价款中取走 1 万元,王芳与肖梓取走折价款 1 万元。后徐东、徐北、肖梓、肖花起诉,要求继承徐某的遗产。请问:谁可以继承遗产?

解析

代位继承,是指在法定继承中,被继承人的子女或兄弟姐妹先于被继承人死亡时,由被继承人子女的晚辈直系血亲或兄弟姐妹的子女代替继承其应继份额的法律制度。先于被继承人死亡的子女是被代位继承人,其晚辈直系血亲是代位继承人,他们的继承权是代位继承权。代位继承是法定继承中的一种特殊继承制度,该制度的设立主要考虑在继承人先于被继承人死亡时,一方面,对于被继承人而言,继承人的直系晚辈血亲往往将代替继承人在其心中的情感地位;另一方面,对于年幼的直系晚辈血亲而言,父母的早亡往往会带来抚育和照顾上的额外需求。因此,通过代位继承制度,使继承人的直系晚辈血亲代替原继承人的继承地位、获得相应的遗产份额。在《民法典》颁布以前,《继承法》(已失效)规定的代位继承制度中,被代位继承人仅限于被继承人的子女,但《民法典》考虑到现实情况,增加了子女在被继承人之前死亡的,由孙子女、外孙子女或更晚辈的直系晚辈血亲代位继承,作为第一顺序继承人参与法定继承。而且增加了一种代位继承类型,即被继承人的兄弟姐妹先于被继承人死亡时,由兄弟姐妹的子女(但不包括其他直系晚辈血亲)代位继承。由于兄弟姐妹属于第二顺序继承人,因此这一继承关系发生的前提是不存在第一顺序的继承人,且作为第二顺序继承人的兄弟姐妹已死亡。这一规则主要解决的是被继承人在没有其他更亲近亲属的情形下,由侄子(女)、外甥(女)成为其法定继承人以继承其遗产。这一代位继承规则有变相扩大法定继承人范围的作用。

上述案例中,肖梓、肖花是曾孙子女,享有代位继承权。徐东、徐北虽是肖月的养子女,也有权代位继承。

政策法律依据

《中华人民共和国民法典》

第一千一百二十八条 被继承人的子女先于被继承人死亡的,由被继承人的子女的直系晚辈血亲代位继承。

被继承人的兄弟姐妹先于被继承人死亡的,由被继承人的兄弟姐妹的子女代位继承。

代位继承人一般只能继承被代位继承人有权继承的遗产份额。

64 转继承与代位继承有什么区别?

疑惑

村民郑义有三子一女,长子郑大、次子郑二、三子郑三、女儿郑雀,都已经成年。2017年,长子郑大重病身亡,留有两个女儿郑花、郑萱。2019年,郑义去世,两个儿子和一个女儿未分割遗产。2021年1月,郑义的两个儿子郑二、郑三又在车祸中身亡,分别留下一个女儿郑娥、郑悦。2021年9月,郑雀、郑花、郑萱、郑娥、郑悦(郑义的一个女儿和四个孙女)处理郑义的遗产并发生纠纷。郑花表示郑娥、郑悦的父亲是在郑义去世后身亡的,郑娥、郑悦没有继承郑义遗产的权利,郑娥、郑悦则表示其可以通过继承父亲郑二、郑三的部分遗产进而继承爷爷郑义的遗产。请问:郑花、郑萱、郑娥、郑悦、郑雀是否对郑义的遗产有继承权?分别属于何种继承?

解析

转继承是由继承人的继承人直接继受被继承人遗产的制度。代位继承是指在法定继承中,被继承人的子女或兄弟姐妹先于被继承人死亡时,由被继承人的子女的晚辈直系血亲或兄弟姐妹的子女代替继承其应继份额的法律制度。二者的区别主要包括以下几个方面:

一是性质不同。转继承是一种连续发生的二次继承,具有连续继承的性质。虽然继承人于继承开始后、遗产分割前死亡,但转继承的后果相当于继承人继承被继承人的遗产,再由继承人的继承人即转继承人直接取得继承人也就是被转继承人应继承的遗产。转继承人实际上享有的是分割遗产的权利,而不是对被继承人遗产的继承权。而代位继承与本位继承相对应,具有替补的性质。被代位继承人先于被继承人死亡,由代位继承人直接参加被继承人遗产的继承,并且是基于其代位继承权而取得被继承人遗产的权利。代位继承人继承的是被继承人的遗产而非被代位继承人的遗产。

二是发生条件不同。转继承发生在继承开始之后、遗产分割前继承人死亡的情形;而代位继承则发生在继承人先于被继承人死亡的情形。

三是主体不同。在转继承的情况下,被转继承人是被继承人的继承人,而转继承人并不仅仅局限于被转继承人的晚辈直系血亲,还包括被转继承人的其他法定继承人,如配偶、父母、兄弟姐妹、祖父母、外祖父母;而被代位继承人只能是被继承人的子女和兄弟姐妹,且代位继承人只能是被代位继承人的晚辈直系血亲。

四是适用范围不同。转继承不仅适用于法定继承,也适用于遗嘱继承;而代位继承只适用于法定继承,不适用遗嘱继承的原因在于,在遗嘱生效前,遗嘱确定的被代位继承人已经死亡,尚未取得实际的遗产继承权,其晚辈直系血亲也就无法代其取得遗嘱中指定的财产。而转继承不同,继承人于继承开始后、遗产分割前死亡,无论是法定继承人还是遗嘱继承人都已实际取得了遗产继承权。

上述案例中,郑雀对父亲郑义是直接的法定继承,因郑大先于郑义死亡,郑花、郑萱对爷爷是代位继承。而郑二、郑三在郑义死亡后继承遗产前死亡,故郑娥、郑悦对爷爷郑义的遗产属于转继承。

政策法律依据

《中华人民共和国民法典》

第一千一百二十八条　被继承人的子女先于被继承人死亡的，由被继承人的子女的直系晚辈血亲代位继承。

被继承人的兄弟姐妹先于被继承人死亡的，由被继承人的兄弟姐妹的子女代位继承。

代位继承人一般只能继承被代位继承人有权继承的遗产份额。

第一千一百五十二条　继承开始后，继承人于遗产分割前死亡，并没有放弃继承的，该继承人应当继承的遗产转给其继承人，但是遗嘱另有安排的除外。

65　继承从什么时候开始？

疑惑

吴某与徐某结婚后，育有一女吴小。后吴某与徐某二人因感情不和诉讼离婚，经调解，双方就离婚及子女抚养问题达成一致。但是在财产分割上存在分歧。吴某认为其与徐某是2000年结婚的，自己的父亲是1999年死亡，父亲的遗产50万元为其婚前个人财产，应归其个人所有。徐某则认为,二人结婚的时间与吴某父亲死亡时间确实如吴某所说,但二人结婚时,父亲的50万元存款仍处于冻结中,直到2001年吴某才实际取得该遗产,所以实际取得的时间在二人婚后,应属于夫妻共同财产,要求在离婚时予以分割。请问:吴某父亲的50万元存款从什么时间开始继承?是否属于夫妻共同财产?

解析

根据《民法典》规定,继承自被继承人死亡时开始。据此,继承人对继承权的取得,对遗产范围的确定,均应以被继承人死亡这一时间节点为准,从被继承人死亡时计算。在现实中,继承开始与遗产分割会存在一个时差。继承开始,遗产所有权即整体移转给全体继承人共同所有。而遗产分割,是将共同共有的财产分割为各自财产的过程。继承开始时间是由被继承人死亡这一法律事实决定,不受人为因素影响。遗产分割及实际取得受继承人的行为影响。

确定继承开始的时间,是妥善处理继承民事法律关系的关键。因为它会涉及继承法律关系中几个重要的问题:

一是确定法定继承人的范围。在继承开始前,法定继承人的继承权属期待权,只有继承开始时(被继承人死亡时),与被继承人有婚姻或血缘关系的人,才分别按照继承顺序,实现其继承的权利。被继承人死亡时,与被继承人具有婚姻关系的配偶才能确定为第一顺序继承人,如果被继承人死亡时,已与被继承人离婚,或者尚未取得配偶身份的,均不能为法定继承人;子女如果先于被继承人死亡,则由子女的晚辈直系血亲代位继承；在收养关系中，只有在被继承人死亡时已建立了收养关系的养子女(或养父母)才能为第一顺序继承人。继承开始时，已经解除收养关系的养父母或养子女，也不能为法定继承人。另外，是否有第一顺序继承人，必须以继承开始时为标准。继承开始时有第一顺序继承人，继承开始后该继承人死亡，第二顺序继承人也不能继承，而只能由死者(第一顺序继承人)的继承人转继承。

二是确定遗产的范围。因为财产所有人未死亡前，他可以随时将自己的财产出卖或者赠与他人，也可以随时购进财产、继承财产或接受赠与、遗赠等，财产随时有可能增减。只有财产所有人死亡时，他的财产状况才能最后稳定，也才能确定遗产的项目和数额。同时，对被继承人所负的债务，也应以继承开始时所负债务为准。在审判实践中应当特别注意的是，被继承人生前已将自己的财产赠与子女的，所赠与的财产不能再列为遗产范围。

三是确定接受或者放弃继承的法律效力。继承开始前，法定继承人放弃继承是无效的，因为继承开始前的继承权属于期待权，期待权是不能处分的。在审判实践中，为承担父母的赡养费，兄弟姐妹间有表示"父母将来的遗产我放弃，现在对父母的赡养费我也不承担"。纵然兄弟姐妹间对此达成协议，也是无效的。因此，只有从继承开始时到遗产处理前，对继承作出接受或放弃的意思表示，才具有法律效力。

四是确定多分或少分遗产的法定条件。法律对"照顾""多分""不分或少分"都分别规定了一定的条件，这些条件在继承开始前都可能发生变化，甚至可能转化，只有继承开始时，上述条件才固定下来,即便之后再变化,也应以继承开始时已具备的条件为准。例如,原来对被继承人尽主要扶养义务的继承人,后来不尽扶养义务了;原来共同生活的"继承人",后来有虐待行为了;原来不尽扶养义务的人,后来却尽了主要扶养义务等。只有在继承开始时,才能根据实际情况作出准确的判断。

五是确定遗嘱生效的时间。遗嘱是立遗嘱人按照法定方式,生前对自己的财产预作处分,并于死亡时发生法律效力的行为。立遗嘱人生前所立遗嘱可以依法变更、撤回,只有在继承开始时(立遗嘱人死亡时)遗嘱不可能再发生变化,这时才能依法判断遗嘱的效力。

六是确定死亡人的财产所有权转移的时间。继承开始时,原属被继承人的财产所有权即转移归继承人或其他取得遗产的人所有。财产的意外风险责任,也应随之转移。继承开始后,即便继承人未对遗产进行分割,其所有权也为继承人共有。

上述案例中,吴某父亲的死亡时间在其与徐某结婚之前,吴某已经取得了继承权,只是存款尚在冻结,但不影响其对存款的所有权。婚前财产原则上为个人所有,吴某从父亲处继承的50万元存款应属于婚前财产,归吴某个人所有。

政策法律依据

《中华人民共和国民法典》

第一千一百二十一条第一款 继承从被继承人死亡时开始。

CHAPTER
4

第四章

宅基地问题

66 宅基地能继承吗？

疑惑

赵某在赵村拥有一处宅基地，赵某和妻子王某结婚后，育有一子赵小。后赵某父母先后去世。至赵某42岁时，与妻子王某因家庭琐事争吵不断，导致夫妻感情破裂协议离婚。离婚后，二人之子赵小由妻子王某抚养，与王某共同生活。后赵小成年后结婚，也在村里申请了一处宅基地并建房。赵某日渐年老，赵小常常去看望、照料父亲。后赵某年迈生病，为了照顾赵某，赵小将其接到自己家中生活，但赵某宅基地上的房屋因年久失修遭遇风雨倒塌，赵小日夜照顾生病的父亲没有精力翻修。不久后，赵某因病去世，未留下遗嘱。在赵某去世后，赵小提出要继承赵某的宅基地，并翻建房屋，但村委会不同意。请问：赵小能否继承赵某的宅基地？

解析

宅基地使用权是指农村村民为建造自有房屋对集体土地所享有的占有、使用的权利，是特定主体对于集体土地的一种特殊的用益物权。其特殊性：一是农村宅基地使用权的初始取得与集体经济组织成员的权利和利益是联系在一起的，非本集体成员不可取得，也即人身依附性；二是宅基地使用权是特定主体对于集体土地的用益物权，权利人可以对宅基地长期享有占有、使用，但流转受到一定的限制，也就是具有福利性质，具有社会保障功能，系为保障农民能够拥有住房；三是集体经济组织成员只能以户为单位申请一处宅基地，符合条件的村民获得宅基地后，不得再另行申请宅基地。宅基地使用权的范围一般包括居住生活用地、四旁绿化用地、其他生活服务设施用地，即一家一户的农户居住生活的庭院用地。

《民法典》规定，继承人只能继承自然人死亡时遗留的个人合法财产，而宅基地所有权是属于集体所有的，不是个人财产，宅基地使用权作为特殊的用益物权，也不是个人财产，因此不能被单独继承。但宅基地上的房屋作为继承人的遗产，可以由继承人继承，按照"房地一体"原则，继承人在继承取得房屋所有权的同时，也取得宅基地使用权，但农村宅基地不能被单独继承。需要特别说明的是，2020年9月9日，《自然资源部对十三届全国人大三次会议第3226号建议的答复》中提及"关于农村宅基地使用权登记问题"，具体表述："……六、关于农村宅基地使用权登记问题。农民的宅基地使用权可以依法由城镇户籍的子女继承并办理不动产登记。根据《继承法》规定，被继承人的房屋作为其遗产由继承人继承，按照房地一体原则，继承人继承取得房屋所有权和宅基地使用权，农村宅基地不能被单独继承。《不动产登记操作规范（试行）》明确规定，非本农村集体经济组织成员（含城镇居民），因继承房屋占用宅基地的，可按相关规定办理确权登记，在不动产登记簿及证书附记栏注记'该权利人为本农民集体经济组织原成员住宅的合法继承人'。"但该答复仅是对农村房屋继承后如何办理宅基地使用权转移登记的答复,并不是自然资源部对农村宅基地继承问题出台的新的管理规定。

上述案例中,赵某死亡后,宅基地上房屋倒塌,仅剩宅基地使用权,而其宅基地使用权因其死亡而收回,不能被单独继承,赵小无权继承赵某的宅基地使用权。

🏛 政策法律依据

《中华人民共和国民法典》

第三百六十二条 宅基地使用权人依法对集体所有的土地享有占有和使用的权利,有权依法利用该土地建造住宅及其附属设施。

《中华人民共和国土地管理法》

第六十二条 农村村民一户只能拥有一处宅基地,其宅基地的面积不得超过省、自治区、直辖市规定的标准。

人均土地少、不能保障一户拥有一处宅基地的地区,县级人民政府在充分尊重农村村民意愿的基础上,可以采取措施,按照省、自治区、直辖市规定的标准保障农村村民实现户有所居。

农村村民建住宅,应当符合乡(镇)土地利用总体规划、村庄规划,不得占用永久基本农田,并尽量使用原有的宅基地和村内空闲地。编制乡(镇)土地利用总体规划、村庄规划应当统筹并合理安排宅基地用地,改善农村村民居住环境和条件。

农村村民住宅用地,由乡(镇)人民政府审核批准;其中,涉及占用农用地的,依照本法第四十四条的规定办理审批手续。

农村村民出卖、出租、赠与住宅后,再申请宅基地的,不予批准。

国家允许进城落户的农村村民依法自愿有偿退出宅基地,鼓励农村集体经济组织及其成员盘活利用闲置宅基地和闲置住宅。

国务院农业农村主管部门负责全国农村宅基地改革和管理有关工作。

《自然资源部对十三届全国人大三次会议第3226号建议的答复》(自然资人议复字〔2020〕089号)

六、关于农村宅基地使用权登记问题。农民的宅基地使用权可以依法由城镇户籍的子女继承并办理不动产登记。根据《继承法》规定,被继承人的房屋作为其遗产由继承人继承,按照房地一体原则,继承人继承取得房屋所有权和宅基地使用权,农村宅基地不能被单独继承。《不动产登记操作规范(试行)》明确规定,非本农村集体经济组织成员(含城镇居民),因继承房屋占用宅基地的,可按相关规定办理确权登记,在不动产登记簿及证书附记栏注记"该权利人为本农民集体经济组织原成员住宅的合法继承人"。

67 村民擅自在自家农田上建住宅有什么法律后果?

疑惑

崔某是崔村的村民,与妻子结婚后育有一子崔小。崔小成年后与同村姑娘刘小谈恋爱,一段时间后,二人感情日渐加深,双方父母都是熟人,对彼此也都很满意,于是开始商量结婚事宜。刘小的父母对女儿很宠爱,担心女儿出嫁后与婆婆相处不好,就提出崔小与刘小结婚时必须有自己的住房,不与崔某夫妻住一起。村里本来也有成家后子女单过的习俗,崔某考虑儿子结婚的需求,想向村里申请一块宅基地,但村委会说没有多余的宅基地了,可以把自己宅基地上的房屋进行翻盖。但翻盖原有房屋并不能解决刘家提出的问题,于是崔某想到自己家有几亩耕地,离崔某家的宅基地也很近,可以在耕地上给儿子崔小盖一个四合院。崔某联系好建筑施工队,准备好建设材料,正要开工时,遭到村委会的阻拦。村委会的工作人员称,在耕地上盖房是违法的,还有可能判刑坐牢,崔某一听有些害怕,不知道到底能不能在自己承包的土地上盖房。请问:擅自在自家农田上盖房,有什么法律后果?

解析

我国实行严格的耕地保护制度和节约用地制度,坚持土地用途管理,严禁超标准占用宅基地。对违法违规占地建房行为,土地管理法亦明确了相关法律责任。常见的违法建房包含以下几种情形:

一是占用耕地建房。《土地管理法》(2004 修正)第 36 条第 1 款和第 2 款规定:"非农业建设必须节约使用土地,可以利用荒地的,不得占用耕地;可以利用劣地的,不得占用好地。禁止占用耕地建窑、建坟或者擅自在耕地上建房、挖砂、采石、采矿、取土等。"

第 74 条规定:"违反本法规定,占用耕地建窑、建坟或者擅自在耕地上建房、挖砂、采石、采矿、取土等,破坏种植条件的,或者因开发土地造成土地荒漠化、盐渍化的,由县级以上人民政府土地行政主管部门责令限期改正或者治理,可以并处罚款;构成犯罪的,依法追究刑事责任。"由此可知,耕地上是不能建房的。目前国家正大力倡导保护农村耕地资源,并明确提出严守农村耕地红线,积极推动基本农田的划定与建设。因此,占用耕地建房是违法行为,建在耕地上的房屋大部分都属于违建,一经查处会被强制拆除。

二是未获得主管部门批准建造房屋。《土地管理法》(2004 修正)第 77 条第 1 款规定:"农村村民未经批准或者采取欺骗手段骗取批准,非法占用土地建住宅的,由县级以上人民政府土地行政主管部门责令退还非法占用的土地,限期拆除在非法占用的土地上新建的房屋。"有些地方法治意识薄弱,村民在村里建房都很随意,觉得和村里打声招呼即可,既不用办理手续,也不需要向上级部门申请审批。但是,除了有些自建房是因为历史遗留问题以外,从近些年开始村民要建房必须向上级部门提交申请。涉及农用地的要办理变更手续,然后再拿到规划许可和建房许可,在获得上级部门同意后,村民才可以在申请的土地上盖房。如果是未经批准私自建造的房屋会被认定为违法建筑。

三是超占、多占面积修建房屋。《土地管理法》(2004 修正)第 77 条规定:"农村村民未经批准或者采取欺骗手段骗取批准,非法占用土地建住宅的,由县级以上人民政府土地行政主管部门责令退还非法占用的土地,限期拆除在非法占用的土地上新建的房屋。超过省、自治区、直辖市规定的标准,多占的土地以非法占用土地论处。"新《土地管理法》(2019修正)执行后,农村严格执行"一户一宅"政策,同时要求村民在建房过程中,必须严格按照审批下来的宅基地面积进行建房,不得出现超占、多占宅基地建房等行为。超占面积建房属于非法占用土地,一旦村民超占、多占宅基地建房,其多占的部分属于违建,会被拆除且不予补偿。

四是被纳入征收范围之后抢建房屋。随着城市的不断发展,许多农村地区被纳入征收范围,一旦征地拆迁范围划定公示以后,任何人不得在此范围内修建房屋。有些村民想要获得更多的征收补偿,在自家宅基地上抢建房屋,这一类房屋会被认定为违建,遇到征收的时候不予补偿。

上述案例中,崔某欲在承包的耕地上建房的行为,就是未经过相关部门审批,私自改变农地用途,违反法律规定非法建造住宅,好在村委会及时阻止,否则将承担法律责任。

政策法律依据

《中华人民共和国土地管理法》

第七十四条 买卖或者以其他形式非法转让土地的,由县级以上人民政府自然资源主管部门没收违法所得;对违反土地利用总体规划擅自将农用地改为建设用地的,限期拆除在非法转让的土地上新建的建筑物和其他设施,恢复土地原状,对符合土地利用总体规划的,没收在非法转让的土地上新建的建筑物和其他设施;可以并处罚款;对直接负责的主管人员和其他直接责任人员,依法给予处分;构成犯罪的,依法追究刑事责任。

第七十五条 违反本法规定,占用耕地建窑、建坟或者擅自在耕地上建房、挖砂、采石、采矿、取土等,破坏种植条件的,或者因开发土地造成土地荒漠化、盐渍化的,由县级以上人民政府自然资源主管部门、农业农村主管部门等按照职责责令限期改正或者治理,可以并处罚款;构成犯罪的,依法追究刑事责任。

第七十七条 未经批准或者采取欺骗手段骗取批准,非法占用土地的,由县级以上人民政府自然资源主管部门责令退还非法占用的土地,对违反土地利用总体规划擅自将农用地改为建设用地的,限期拆除在非法占用的土地上新建的建筑物和其他设施,恢复土地原状,对符合土地利用总体规划的,没收在非法占用的土地上新建的建筑物和其他设施,可以并处罚款;对非法占用土地单位的直接负责的主管人员和其他直接责任人员,依法给予处分;构成犯罪的,依法追究刑事责任。

超过批准的数量占用土地,多占的土地以非法占用土地论处。

第七十八条 农村村民未经批准或者采取欺骗手段骗取批准,非法占用土地建住宅的,由县级以上人民政府农业农村主管部门责令退还非法占用的土地,限期拆除在非法占用的土地上新建的房屋。

超过省、自治区、直辖市规定的标准,多占的土地以非法占用土地论处。

68 一户能有两处宅基地吗？

疑惑

刘某和徐某是邻居，两人在村里所建的房屋相隔很近，房屋都是按照家里的人口面积计算通过审批建造的。两家感情深厚，平常有事都是互相帮忙，两家的孩子也都非常熟悉。刘某的儿子刘小考上了大学，毕业后留在城里工作，并在城里买了两室一厅安家落户。刘小结婚后，将父母接到城里一起生活，刘某在村里的房屋就空了下来，偶尔过年才从城里回村里看望长辈。今年年初，刘某回到村里，看到房屋已经落了灰，屋前屋后因为无人打理也长了很多杂草，觉得可惜。想到徐某家有两个儿子跟他一起住，就找到徐某，表示想将自己在村里的房屋送给徐某一家，反正自己以后都住在城里了。徐某听后喜出望外，对刘某表示感谢，并表示刘某随时可以回来，随时可以在自己家住，自己也会将房子打理好。后来，徐某听说国家规定"一户一宅"政策，想知道自己接受刘某赠与的房屋是否违反法律规定。

解析

我国对宅基地的政策考虑了土地资源的有限性和稀缺性，法律明确规定，农村村民一户只能有一处宅基地，且对每户的宅基地面积有着明确标准,严格规定"一户一宅"制度,但这是针对分配的宅基地的,限制一户只能通过分配获得一处宅基地。此处的一处宅基地并不是指宅基地只能在一宗地上,宅基地是可以分开的,但是一户村民的宅基地面积要累计计算。实践中,亦存在通过继承、接受赠与、购买宅基地上的房屋等情形,导致一户村民拥有多处宅基地的情况。

对于特殊原因形成的"一户多宅"情形,国家亦在想办法化解,保证宅基地的居住保障功能。《中央农村工作领导小组办公室、农业农村部关于进一步加强农村宅基地管理的通知》规定:"对历史形成的宅基地面积超标和'一户多宅'等问题,要按照有关政策规定分类进行认定和处置。"《北京市人民政府关于落实户有所居加强农村宅基地及房屋建设管理的指导意见》规定:"对于1982年以前划定的或因转让及房屋继承、赠与等原因形成的超出现行规定面积标准占用的宅基地,超占面积达到现行规定标准且户内具备分户条件的,允许其家庭内部分户后优先使用,但应严格履行宅基地审批手续;超占面积未达到现行规定标准或户内不具备分户条件的,仍由其继续使用,并按照村庄规划或待转让及房屋继承、赠与时逐步调整。对于村民非法占用农用地建房等历史遗留问题,要依法逐步进行整治。""探索通过多种方式鼓励进城落户及因继承、赠与或购买房屋形成'一户多宅'的村民,自愿有偿退出闲置宅基地,具体房屋补偿标准由本集体经济组织成员民主决策确定。"

上述案例中,徐某通过接受赠与获得刘某的一套房屋,依据"房地一体"的原则获得宅基地使用权,形成"一户多宅"的情形,但目前法律并未禁止受赠宅基地上的房屋。

政策法律依据

《中华人民共和国民法典》

第三百六十二条 宅基地使用权人依法对集体所有的土地享有占有和使用的权利,有权依法利用该土地建造住宅及其附属设施。

《中华人民共和国土地管理法》

第六十二条 农村村民一户只能拥有一处宅基地,其宅基地的面积不得超过省、自治区、直辖市规定的标准。

人均土地少、不能保障一户拥有一处宅基地的地区,县级人民政府在充分尊重农村村民意愿的基础上,可以采取措施,按照省、自治区、直辖市规定的标准保障农村村民实现户有所居。

农村村民建住宅,应当符合乡(镇)土地利用总体规划、村庄规划,不得占用永久基本农田,并尽量使用原有的宅基地和村内空闲地。编制乡(镇)土地利用总体规划、村庄规划应当统筹并合理安排宅基地用地,改善农村村民居住环境和条件。

农村村民住宅用地,由乡(镇)人民政府审核批准;其中,涉及占用农用地的,依照本法第四十四条的规定办理审批手续。

农村村民出卖、出租、赠与住宅后,再申请宅基地的,不予批准。

国家允许进城落户的农村村民依法自愿有偿退出宅基地,鼓励农村集体经济组织及其成员盘活利用闲置宅基地和闲置住宅。

国务院农业农村主管部门负责全国农村宅基地改革和管理有关工作。

《中央农村工作领导小组办公室、农业农村部关于进一步加强农村宅基地管理的通知》

对历史形成的宅基地面积超标和"一户多宅"等问题,要按照有关政策规定分类进行认定和处置。

《北京市人民政府关于落实户有所居加强农村宅基地及房屋建设管理的指导意见》(京政发〔2020〕15号)

(十一)稳慎处理因历史原因超标准占用宅基地等问题。对于1982年以前划定的或因转让及房屋继承、赠与等原因形成的超出现行规定面积标准占用的宅基地,超占面积达到现行规定标准且户内具备分户条件的,允许其家庭内部分户后优先使用,但应严格履行宅基地审批手续;超占面积未达到现行规定标准或户内不具备分户条件的,仍由其继续使用,并按照村庄规划或待转让及房屋继承、赠与时逐步调整。对于村民非法占用农用地建房等历史遗留问题,要依法逐步进行整治。

(十二)积极探索建立有偿退出和转让机制。各相关区可多渠道筹集资金,探索通过多种方式鼓励进城落户及因继承、赠与或购买房屋形成"一户多宅"的村民,自愿有偿退出闲置宅基地,具体房屋补偿标准由本集体经济组织成员民主决策确定。鼓励和引导村民在征得村集体经济组织同意的前提下,向本集体经济组织内部符合宅基地申请条件的村民转让宅基地,各区要探索通过制定示范合同等方式,规范引导转让行为,转让合同生效后应及时办理宅基地使用权变更手续。严禁城镇居民到农村购买宅基地和宅基地上房屋。严格执行国家和本市户籍政策,除法律法规规定情形外,严禁城镇居民户籍向农村迁移,严格管理农村间的户籍异地迁移。

69 卖了自家宅基地，还能再申请新的宅基地吗？

疑惑

谢某是谢村的村民，谢某父母早逝，剩谢某一个人生活，由于谢某是独子，父母在世时对谢某很宠爱，导致谢某好吃懒做，很快就花光了父母留下的遗产，只剩下一处宅基地。近年来，流行城里人到农村买房养老，一套农村房屋可以卖 20 万余元，谢某听后很心动，经人介绍将自家房屋卖给了别人。但谢某卖房所得的 20 万元，很快就赌博输掉了，不仅没了生活资金，租房的钱也没有了，谢某只能回到村里，并且找到村委会，要求村委会解决其住房问题，再批一处宅基地给他。请问：谢某还能再申请一处宅基地吗？

解析

在我国，宅基地具有福利性、无偿性和人身依附性，是国家为了保障农村村民的生活，无偿提供给村民的，这就决定了一户村民只能拥有一处宅基地，确立了"一户一宅"原则。当村民无偿获得宅基地后，将其出卖、出租后，相当于其已经充分获得了农村宅基地的利益，不允许再申请获得新的宅基地,一是考虑到对其他村民的公平性,防止因个别村民的多次申请造成村民以此不正当获益。二是不符合我国土地管理制度和法律规定。我国明确了"一户一宅"原则,决定了一户村民只能申请一处宅基地。三是不符合我国土地情况。我国人员众多,土地资源紧张,故对于土地管理较为严格。

上述案例中,谢某出卖自家宅基地上的房屋后,不能再通过申请获得另外一处宅基地。

政策法律依据

《中华人民共和国土地管理法》

第六十二条第一款至第五款 农村村民一户只能拥有一处宅基地,其宅基地的面积不得超过省、自治区、直辖市规定的标准。

人均土地少、不能保障一户拥有一处宅基地的地区,县级人民政府在充分尊重农村村民意愿的基础上,可以采取措施,按照省、自治区、直辖市规定的标准保障农村村民实现户有所居。

农村村民建住宅,应当符合乡(镇)土地利用总体规划、村庄规划,不得占用永久基本农田,并尽量使用原有的宅基地和村内空闲地。编制乡(镇)土地利用总体规划、村庄规划应当统筹并合理安排宅基地用地,改善农村村民居住环境和条件。

农村村民住宅用地,由乡(镇)人民政府审核批准;其中,涉及占用农用地的,依照本法第四十四条的规定办理审批手续。

农村村民出卖、出租、赠与住宅后,再申请宅基地的,不予批准。

第四章 宅基地问题

70 宅基地使用权能否单独转让？

疑惑

许村因为离城区近,交通方便,村里很多年轻人在成年后都到城里买房。许某是村里的村民,与妻子育有一子许小。转眼间许小到了结婚的年龄,许小看到村里同龄人大多在城里买房,结婚后孩子在城里接受教育,心生羡慕,但自己工作时间不长,工资有限,于是找到父亲许某,想让父亲帮忙给自己出资买房。许某听后也觉得心动,但无奈自己操劳半辈子,存款不多。就在这时,村里的另一个村民刘某听说这件事后,找到许某,表示自己看中了许某家的宅基地,想出10万元买下宅基地的使用权。许某思虑再三后同意,并与刘某签订了《宅基地使用权转让合同》,将许某的宅基地使用权转让给了刘某,房屋所有权仍归许某所有。村委会知道这件事后工作人员连忙阻止,告知刘某宅基地是"地随房走",刘某无法单独获得该宅基地使用权。请问:宅基地使用权能否单独转让？

解析

宅基地使用权虽然是单独的用益物权,但是它的权利是依据地上所建房屋而体现的,并且宅基地使用权的转移随房屋的所有权转移而转移。房屋若因继承、买卖或赠与等方式发生所有权转移时,其范围内的宅基地使用权亦一并转移。实践中,农村宅基地使用权必须与位于宅基地上的房屋一起流转。仅仅单独的宅基地使用权不能发生转让、继承或抵押。

上述案例中,许某不能单独将宅基地使用权转让给刘某。

🏛 政策法律依据

《中华人民共和国民法典》

第三百六十二条　宅基地使用权人依法对集体所有的土地享有占有和使用的权利,有权依法利用该土地建造住宅及其附属设施。

第三百六十三条　宅基地使用权的取得、行使和转让,适用土地管理的法律和国家有关规定。

《中华人民共和国土地管理法》

第六十二条第一款　农村村民一户只能拥有一处宅基地,其宅基地的面积不得超过省、自治区、直辖市规定的标准。

71 城镇居民能买农村宅基地吗？

疑惑

随着物质生活水平的提高，加之城市快节奏生活的影响，很多城里人开始追求农村平静、悠闲的乡土生活。孙某上大学后一直在城里生活、工作，安家落户，但是过久了城里车水马龙的生活，偶尔也会羡慕田园生活的悠闲自在，想要到农村生活一段时间。一天，孙某到郊区出差，空余时间到附近农村闲逛采风，看到村里鸟语花香、生活闲适，心情飞扬，萌生退休后到村里居住的想法。第二天，孙某找到当地村委会，说了他的想法，村委会说正好本村的刘某想要出售宅基地，孙某可以考虑考虑，虽然价格有点贵，但是本村环境好，日后还有升值空间。孙某听后很动心，经村委会介绍与刘某签订了买卖合同，并且支付了 20 万元款项。请问：孙某最终能获得该宅基地吗？

解析

《国务院关于深化改革严格土地管理的决定》（国发〔2004〕28号）明确规定，禁止城镇居民在农村购置宅基地。《中央农村工作领导小组办公室、农业农村部关于进一步加强农村宅基地管理的通知》（中农发〔2019〕11号）规定，宅基地是农村村民的基本居住保障，严禁城镇居民到农村购买宅基地,严禁下乡利用农村宅基地建设别墅大院和私人会馆。严禁借流转之名违法违规圈占、买卖宅基地。

农村宅基地使用权具有福利性质,目的在于保障农村地区村民都能够拥有住房,让农村居民能够有基本的生活保障。依照我国的相关政策法规,只有农村村民才能够获得农村宅基地使用权,且实行"一户一宅"制度。对于城镇居民购买宅基地的,则严格禁止。在司法实践中,对于城镇居民到农村购买房屋,也遵循严格禁止转让的原则,一旦城镇居民购买农村宅基地使用权,诉至法院,相关转让协议将被认定为无效。

上述案例中,孙某是城镇居民,无权购买农村宅基地。

政策法律依据

《中华人民共和国民法典》

第三百六十三条 宅基地使用权的取得、行使和转让,适用土地管理的法律和国家有关规定。

《国务院关于深化改革严格土地管理的决定》

改革和完善宅基地审批制度,加强农村宅基地管理,禁止城镇居民在农村购置宅基地。

72 城镇居民租用农村民房，最长可以租多久？

疑惑

李某夫妻是某市居民，在城里生活了大半辈子，一直生活在城市的喧嚣热闹中，二人的子女也都成家立业，家里只剩下老两口儿一同居住。转眼间，二人即将退休，见多了城市的喧嚣，李某夫妇很向往农村生活的悠闲自在，尤其是到农村郊游，看到草长莺飞、鸟语花香，对农村生活就更加向往。但是二人也知道城镇居民无法在农村购买房屋和宅基地，夫妻二人商量了一番，准备到农村租一间农房长期居住。经朋友介绍和现场查看，李某夫妻看中了一套房屋，房屋干净整洁，四周环境优美。房屋主人刚好准备与儿子一同居住，这间房屋也要闲置下来，于是同意租给李某夫妻赚取租金。双方达成一致后，便开始签订房屋租赁协议，李某夫妻打算签订长期的房屋租赁合同，但不清楚合同最长可以签多久。

解析

我国鼓励村集体经济组织和农村村民盘活利用闲置宅基地和闲

置住宅。对于城镇居民租赁农村房屋用于居住或经营的,租赁合同期限不得超过20年。《民法典》亦作出规定,对于租赁合同若期限超过20年,合同超过20年期限部分无效。据此农村房屋租赁需要注意以下几点:一是城镇居民租赁农村房屋是政策法规所允许甚至鼓励,以此避免农村闲置房屋资源被浪费。二是对于城镇居民租赁农村房屋也遵循法律所规定的20年最长租赁期限。三是一旦租赁合同中租赁期限超过20年,租赁合同并非全部无效,而是超过20年租赁期限部分无效。对于20年合法的租赁期限内的约定仍然有效。四是租赁期限不能超过20年仅仅是针对一份租赁合同而言,即若合同到期后,双方经协商想要继续出租,可以另行约定,法律并不禁止,即便合同到期后,继续签订合同后,两次租赁合同租期累计超过20年,只要每次签订合同时的约定租期未超过20年,则符合法律规定。

上述案例中,只要李某夫妻与村民签订房屋租赁合同约定租期不超过20年即可,合同期满后,双方还可再另行约定。

政策法律依据

《中华人民共和国民法典》

第七百零五条第一款 租赁期限不得超过二十年。超过二十年的,超过部分无效。

《中央农村工作领导小组办公室、农业农村部关于进一步加强农村宅基地管理的通知》
五、鼓励盘活利用闲置宅基地和闲置住宅

鼓励村集体和农民盘活利用闲置宅基地和闲置住宅,通过自主经营、合作经营、委托经营等方式,依法依规发展农家乐、民宿、乡村旅游等。城镇居民、工商资本等租赁农房居住或开展经营的,要严格遵守合同法的规定,租赁合同的期限不得超过二十年。合同到期后,双方可以另行约定。在尊重农民意愿并符合规划的前提下,鼓励村集体积极稳妥开展闲置宅基地整治,整治出的土地优先用于满足农民新增宅基地需求、村庄建设和乡村产业发展。闲置宅基地盘活利用产生的土地增值收益要全部用于农业农村。在征得宅基地所有权人同意的前提下,鼓励农村村民在本集体经济组织内部向符合宅基地申请条件的农户转让宅基地。各地可探索通过制定宅基地转让示范合同等方式,引导规范转让行为。转让合同生效后,应及时办理宅基地使用权变更手续。对进城落户的农村村民,各地可以多渠道筹集资金,探索通过多种方式鼓励其自愿有偿退出宅基地。

73 邻居家房檐滴水损害了自家房屋怎么办？

疑惑

刘某和王某是邻居，两家的宅基地相邻，房屋紧挨着。邻居多年，两家经常因为鸡毛蒜皮、家长里短的事情闹矛盾，有些你看不惯我、我看不上你的架势。随着两家儿女渐渐长大，矛盾不仅没有缓和，反而越发加剧。随着刘某的小儿子刘小考上了大学留在了城里工作生活，挣了一些钱，刘某觉得日子逐渐好过，也更加看不起邻居王某。最近，刘小考虑到父母住的房屋年久失修，为了孝顺父母，给了父母一笔钱，让父母把家里的老房子翻建一下。刘某早就想翻新房子了，见儿子这么孝顺很得意，于是就在房屋原来的地方建起了两层小楼。两层小楼建好后仍然与王某家的房屋相邻，但因为房屋建得又高又大，比王某家的旧房高出了一大截，不但影响了王某房屋的日常通风和采光，下雨天，刘某楼房上的水还会滴到王某家的房屋上。王某家的房屋还是老房子，因此受到严重损坏。王某找到刘某要说法，但刘某不予理会。请问：对于王某家的损失，刘某是否需要负责？

第四章 宅基地问题

解析

对于不动产相邻关系,在农村中较为常见,我国对此也有较为全面的规定。依照法律规定,一方面,对不动产的相邻权利人处理相邻关系,需遵循"有利生产、方便生活、团结互助、公平合理"原则。另一方面,对于不动产权利人用水、排水等而利用相邻不动产的,规定需要尽量避免给相邻人造成损害。与此同时,还规定建筑物的建造不得妨碍相邻建筑物的通风和采光等。俗话说"远亲不如近邻",相邻关系中不动产使用若不处理好,必然引起邻里之间的矛盾。一方面,法律尊重当事人的自主权利,对于当事人在自己的宅基地上建造房屋等权利予以保护;另一方面,权利的使用以不损害他人合法权益为前提。尤其在相邻关系中,由于相邻建筑物的距离较近,一方在合法行使自身权利的时候,可能会影响相邻方的合法权利。故法律要求主动行使权利的一方需考虑另一相邻方的合法权利,在行使自身权利的同时不得妨碍相邻方的合法权利正常行使。

上述案例中,刘某家建造新的房屋,一是排水对王某家的房屋造成了损害,需要赔偿相应损失;二是对王某家房屋的正常采光、通风造成了妨碍,也需要承担相应的赔偿责任。

政策法律依据

《中华人民共和国民法典》

第二百八十八条 不动产的相邻权利人应当按照有利生产、方便生活、团结互助、公平合理的原则,正确处理相邻关系。

第二百九十三条 建造建筑物,不得违反国家有关工程建设标准,不得妨碍相邻建筑物的通风、采光和日照。

第二百九十六条 不动产权利人因用水、排水、通行、铺设管线等利用相邻不动产的,应当尽量避免对相邻的不动产权利人造成损害。

CHAPTER
5

第五章

土地承包问题

74 进城落户后，能否继续承包土地？

疑惑

农民王某夫妇在农村以种地为生，为了供儿子王小上大学，在村东承包了 30 亩耕地。王某夫妇日夜操劳，省吃俭用，终于等到儿子王小学成归来，王小毕业后顺利进入一家外企，工作非常努力，也很受老板赏识，没几年就当上了部门主管。王小知道父母养育自己不容易，农村的生活条件、医疗条件有限，决定在城里买一套房，把父母接过来养老。经和父母商量，老两口儿很高兴，没过多久就搬到了城里生活，并且王小还给父母办理了"农转非"。村主任得知此事后，表示既然王某全家都搬到了城里生活，已经不是农民了，所承包的土地应该交回，不应该再占着村里的土地，土地也能给新出生的孩子进行分配。请问：迁入城区并转为非农户口了，能否继续承包土地？

解析

村主任的说法不符合现行法律规定。根据《农村土地承包法》第 27 条第 2 款的规定，国家保护进城农户的土地承包经营权，在解释上，是指农民进城落户，其农村集体经济组织成员资格不因户籍变动而丧失，可以根据成员身份继续享有土地承包经营权。

随着我国社会经济快速发展，城乡人口流动加速，农民进城落户已十分普遍，与此同时，农村集体产权制度改革正在试点、探索，户籍制度、社会保障制度等亦在改革和完善。人口的城乡流动必然扰动城乡二元体制下的土地制度，进城落户农民是否依然享有土地承包权益，享有何种程度的土地承包权益，成为亿万农民所关注的焦点，也是司法实践面临的难题。其中，进城落户农民可以保留土地承包经营权，已经由《农村土地承包法》明确认可。2018年《农村土地承包法》修正，取消了旧法关于农民进城迁入小城镇和设区的市落户的两种不同后果的类型化区分；完善了进城农户土地承包经营权的保护措施。一是补充、明确了在农户进城以前，不得以退出土地承包经营权作为农民进城落户的条件；二是删除了要求进城农户交回承包地、不交回就收回的规定，修改为由进城农户自主选择如何处分土地承包经营权，法律予以引导支持，既可以按照自愿有偿原则，依法将土地承包经营权转让给本集体经济组织其他农户，也可以自愿有偿地将承包地交回发包方，还可以流转土地经营权；三是不再对耕地、草地、林地进行区别处理，而是对土地承包经营权作统一规定，均可由进城落户农民保留。

上述案例中，王某一家人虽然全部迁入市区，并办理了"农转非"户口，但依然享有土地承包经营权，并不一定要将承包地交回给发包方。

🏛 政策法律依据

《中华人民共和国民法典》

第三百三十七条 承包期内发包人不得收回承包地。法律另有规定的,依照其规定。

《中华人民共和国农村土地承包法》

第二十七条 承包期内,发包方不得收回承包地。

国家保护进城农户的土地承包经营权。不得以退出土地承包经营权作为农户进城落户的条件。

承包期内,承包农户进城落户的,引导支持其按照自愿有偿原则依法在本集体经济组织内转让土地承包经营权或者将承包地交回发包方,也可以鼓励其流转土地经营权。

承包期内,承包方交回承包地或者发包方依法收回承包地时,承包方对其在承包地上投入而提高土地生产能力的,有权获得相应的补偿。

75 妇女嫁到别的村,在原村承包的土地能否收回?

疑惑

袁某是袁村的村民。乐某是乐村的村民,袁某与乐某是邻村的同学,从小就一起上学,感情很好。成年后,二人均未婚嫁,经家里人撮合,二人开始谈恋爱。相处两年后,二人决定结婚,但结婚没多久,袁村的村主任找上门,以袁某已经结婚嫁到乐村为由,要收回袁某承包土地的份额。袁某将此事告知乐某,乐某到乐村咨询,袁某能否在乐村分得新的承包地,乐村的村主任却说"增人不增地,减人不减地",没有新分土地的道理。袁村的村主任又多次找到袁某,要求其尽快交回土地,否则就要开村民代表大会决议收回或者到法院起诉。请问:袁村能收回袁某的承包地吗?

解析

较长时间以来,一些地方在土地承包中不同程度地存在歧视妇女、侵害妇女权益的问题。有的以村民代表会议或村民大会决议、村委会决定或乡规民约的形式,剥夺妇女的土地承包权和集体经济组织收益分配权;有的以"测婚测嫁"等理由,对未婚女性不分土地或少分土地(在村集体调整承包地的前一两年,到了一定年龄的未婚女子预先被剥夺土地承包权,而未婚男子却可以在结婚生子之前预先获得"未来媳妇"和"未来子女"的承包地);有的地方出嫁妇女特别是离婚丧偶妇女户口被强行迁出,承包的土地被强行收回,其他与土地承包相关的经济利益也受到损害。

农村妇女无论是否婚嫁,都应与男性村民享有同等权利,任何组织和个人不得以任何形式剥夺其合法的土地承包经营权和其他有关经济权益。

承包期内,妇女结婚的,根据婚配对象的不同,可以分为"农嫁农"和"农嫁非"两种情形。如果是"农嫁非",妇女在新居住地无法取得承包地,发包方不得收回其原承包地。如果是"农嫁农",妇女结婚后,其户籍亦随迁至婚配家庭,成为嫁入方的家庭成员。但根据"增人不增地"的土地分配原则,一般不会给作为媳妇的妇女新分土地。所以原承包农户并不因嫁出妇女而影响其土地承包经营权的行使,也就是"减人不减地"的原则。只是在因人地矛盾突出等特殊情形下,可能会对土地进行小幅调整,新居住地所在集体经济组织可以分给嫁入妇女一份承包地,这样原居住地所在集体经济组织可以减少嫁出妇女所在承包户的承包地。

上述案例中,因袁某未在乐村取得新的承包地,因此,袁村的村委会不得收回其承包地。

政策法律依据

《中华人民共和国农村土地承包法》

第三十一条 承包期内,妇女结婚,在新居住地未取得承包地的,发包方不得收回其原承包地;妇女离婚或者丧偶,仍在原居住地生活或者不在原居住地生活但在新居住地未取得承包地的,发包方不得收回其原承包地。

76 将承包的土地出租未进行备案,生效吗?

疑惑

李某是村里的承包大户,从1998年起就承包了村里20亩土地,承包期到2028年。李某子女成年后,家里经济压力逐渐变小,基本靠子女的赡养费就够日常生活,所以不想再自己种植土地。经人介绍,李某将土地出租给了王某,双方签订了出租合同,每亩地每年租金500元,一直到2028年承包到期。可出租没几年,村里的地都被划入了平原造林的范围,光是流转费每亩每年就有1500元,李某很后悔,想要回出租的土地。朋友指点说,当年和王某签订的出租合同未经村委会备案,是无效合同,可以要回。李某找到王某以合同无效为由要求王某尽快交回土地,但王某认为双方签订的合同都是真实意思,是有效的,不同意交回土地。请问:李某能将出租的承包地收回吗？出租合同是否有效？

解析

我国《农村土地承包法》第36条规定,承包方可以自主决定依法采取出租(转包)、入股或者其他方式向他人流转土地经营权,并向发包方备案。但该规定所说的备案只是一种行政管理手段,不是合同生效的要件,属于管理性规范而不是效力性规范,所以不能以未经备案为由否定出租合同的效力。

政策法律依据

《中华人民共和国农村土地承包法》

第三十六条 承包方可以自主决定依法采取出租(转包)、入股或者其他方式向他人流转土地经营权,并向发包方备案。

第三十八条 土地经营权流转应当遵循以下原则:

(一)依法、自愿、有偿,任何组织和个人不得强迫或者阻碍土地经营权流转;

(二)不得改变土地所有权的性质和土地的农业用途,不得破坏农业综合生产能力和农业生态环境;

(三)流转期限不得超过承包期的剩余期限;

（四）受让方须有农业经营能力或者资质；

（五）在同等条件下，本集体经济组织成员享有优先权。

77 土地承包经营权转包和转让有区别吗？

疑惑

张某家有 5 亩承包地，不想再自行耕种，想要转包他人赚取收益，但得知邻居老王因为合同没写清楚，将转包写成了转让，导致承包的土地成了别人的土地，吃了大亏。为了慎重起见，张某想要咨询专业人士写份合同。请问：土地承包经营权转包和转让有区别吗？合同应包含哪些内容？

解析

土地经营权转包是在不变更原承包人与发包人承包合同关系的基础上，承包人把自己承包的土地再承包给第三方。土地承包经营权转让，是指承包人把自己承包的土地让与第三方承包，第三方建立与发包方的承包合同关系，原承包人退出，实质就是卖了承包经营权。转包实际存在两个承包合同关系，转让只剩一个承包合同关系。转包在不改变土地用途的情况下不需要发包方同意，合同另有约定的除外,但一般要备案。转让必须经过发包方同意。因转让土地承包经营权实质上是合同权利义务的转移,必须取得发包方同意。无论是转包还是转让,都应签订书面合同,并写明以下内容:(1)双方当事人的姓名、住所;(2)流转土地的名称、坐落、面积、质量等级;(3)流转的期限和起止日期;(4)流转土地的用途;(5)双方当事人的权利和义务;(6)流转价款及支付方式;(7)土地被依法征收、征用、占用时有关补偿费的归属;(8)违约责任。

政策法律依据

《中华人民共和国农村土地承包法》

第三十四条　经发包方同意,承包方可以将全部或者部分的土地承包经营权转让给本集体经济组织的其他农户,由该农户同发包方确立新的承包关系,原承包方与发包方在该土地上的承包关系即行终止。

第三十六条　承包方可以自主决定依法采取出租(转包)、入股或者其他方式向他人流转土地经营权,并向发包方备案。

第四十条　土地经营权流转,当事人双方应当签订书面流转合同。

土地经营权流转合同一般包括以下条款:

(一)双方当事人的姓名、住所;

(二)流转土地的名称、坐落、面积、质量等级;

(三)流转期限和起止日期;

（四）流转土地的用途；

（五）双方当事人的权利和义务；

（六）流转价款及支付方式；

（七）土地被依法征收、征用、占用时有关补偿费的归属；

（八）违约责任。

承包方将土地交由他人代耕不超过一年的，可以不签订书面合同。

78 土地经营权能担保进行贷款吗？

疑惑

李某是村里的承包大户，2015年承包了村里20亩土地，承包期到2028年，所承包的土地一直用于种植蔬菜，起初几年都有专门的客户来收菜，生意很好。但随着近年来网络经济的发展，网销的蔬菜都很便宜，固定来收菜的客户越来越少。今年，天有不测风云，闹起了虫灾，李某所种的蔬菜全被虫子毁了，不仅没有任何收成，还得向村委会交纳承包费。李某找到弟弟借钱，但弟弟以自己家经济困难为由拒绝了，但告诉李某，听说土地也能拿去贷款，劝李某试试。请问：李某可以用承包的土地贷款吗？

解析

按照《农村土地承包法》第 47 条第 1 款的规定,承包方可以用承包地的土地经营权向金融机构融资担保。

随着改革开放的推进与农地关系的改变,农民不再像从前一般依赖土地,许多农民离开了土地,进入城市,此时显现出了土地制度进一步改革的需求,因此我国农村土地开始从"两权分离"向"三权分置"进行转变,有了"三权分置"作制度基础,又在现实需要的影响下,担保真正成了土地经营权流转的一种方式。目前新修正的《农村土地承包法》中已明确了土地经营权的担保,有了法律的规定。

上述案例中,李某可以用自己承包的 20 亩土地的经营权作为金融担保去申请农业贷款,但是担保标的物并非土地所有权或使用权,而是土地经营权。

政策法律依据

《中华人民共和国农村土地承包法》

第四十七条　承包方可以用承包地的土地经营权向金融机构融资担保,并向发包方备案。受让方通过流转取得的土地经营权,经承包方书面同意并向发包方备案,可以向金融机构融资担保。

担保物权自融资担保合同生效时设立。当事人可以向登记机构申请登记;未经登记,不得对抗善意第三人。

实现担保物权时，担保物权人有权就土地经营权优先受偿。土地经营权融资担保办法由国务院有关部门规定。

79 土地承包经营权互换必须进行登记吗？

疑惑

蔡某和花某都是某村村民，两人交情很好，蔡某在西边有30亩地，花某在南边有30亩地，蔡某的家住在村南边，花某的家住村西边。于是，蔡某欲将自己的地与花某的地互换耕种，这样两人都方便。花某觉得这事挺好，表示同意。花某要求互换登记，但蔡某觉得登记很麻烦，只要双方写好互换合同并承诺永不反悔就行，而且两人互换土地跟其他人也没关系，不登记也不要紧。请问：土地承包经营权互换必须进行登记吗？

解析

对土地承包经营权进行登记是指流转土地承包经营权的当事人，申请国家有关部门将土地承包经营权的流转事项记载于不动产登记簿。登记的主要目的是将土地承包经营权变动的事实予以公示，使他人明确土地承包经营权的权利人。我国《农村土地承包法》

第五章　土地承包问题

第 35 条规定,土地承包经营权互换、转让的,当事人可以向登记机构申请登记。未经登记,不得对抗善意第三人。可见,《农村土地承包法》采取的是登记对抗主义,即当事人互换或转让土地承包经营权并非登记才生效,但是不登记不得对抗善意第三人。也就是说,不登记将产生不利于土地承包经营权受让人的法律后果。比如,承包户甲将土地承包经营权转让给乙,但没有办理变更登记。此后,甲又将同一块地的承包经营权转让给丙,同时办理了变更登记。如果乙与丙就该块土地的承包经营权的归属发生纠纷,由于丙取得的土地承包经营权进行了登记,他的权利将受到保护。乙将不能取得该地块的土地承包经营权。因此,土地承包经营权的受让人为了更好地维护自己的权益,办理土地承包经营权流转登记比较妥当。

具体到本案中,为了双方权益保护考虑,蔡某和花某互换承包地时,最好去办理互换登记。

政策法律依据

《中华人民共和国农村土地承包法》

第十七条　承包方享有下列权利:

……

(二)依法互换、转让土地承包经营权;

……

第三十五条　土地承包经营权互换、转让的,当事人可以向登记机构申请登记。未经登记,不得对抗善意第三人。

第三十六条　承包方可以自主决定依法采取出租(转包)、入股或者其他方式向他人流转土地经营权,并向发包方备案。

80 土地流转后,承包方可以解除流转合同吗?

疑惑

李某在本村有15亩承包地,因年龄大了不想再自己耕种,经人介绍流转给张某,张某称其只在地上种植粮食作物。可张某承包没多久,就移植来了很多树木,并且在地上做起了苗圃培育的生意。李某找到张某,称反复培育移植树木会对土壤造成破坏,导致原本肥沃的土壤流失,要求张某停止种植苗圃,将土地恢复耕种粮食作物。张某却说苗圃也是农作物。李某无奈想要解除合同。请问:土地流转后,承包方可以单方解除流转合同吗?

解析

我国法律明确规定,承包方不得单方解除土地流转协议,但如果受让方出现《农村土地承包法》第42条规定的四种情形之一,承包方有权单方解除土地流转协议。这四种情形包括:擅自改变土地的农业用途、弃耕抛荒连续2年以上、给土地造成严重损害或者严重破坏土地生态环境、其他严重违约行为。由此可见,在土地流转后,原则上承包方不得单方解除土地流转协议,但如果出现上述四种情形之一,为保护土地,承包方有权单方解除土地流转协议。

上述案例中,因张某改变土地的使用用途,从保护耕地的角度出发,作为承包方的李某有权单方解除土地流转协议。

政策法律依据

《中华人民共和国农村土地承包法》

第四十二条 承包方不得单方解除土地经营权流转合同,但受让方有下列情形之一的除外:

(一)擅自改变土地的农业用途;

(二)弃耕抛荒连续两年以上;

(三)给土地造成严重损害或者严重破坏土地生态环境;

(四)其他严重违约行为。

81 自然灾害致使承包地严重受损，承包方能要求调整承包地吗？

疑惑

郭某在本村承包 15 亩粮田，承包期为 20 年，但土地的位置不太好，在山坡下。今年当地雨水较多，接连下了很多天的大暴雨，导致山体滑坡，大量的土和石头都流入了郭某的土地，不仅当年的庄稼所剩无几，之后几年也无法耕种。这件事让郭某非常头疼，因为全家老小都要靠这 15 亩土地为生。后听朋友说可以要求村里调整承包地，而村里恰好有机动地，郭某就找到村委会，请求给调整一块地，村主任却说得经过所有村民同意才能调整。请问：根据郭某的情况，村委会能重新调整一块承包地吗？

解析

我国法律明确规定，承包期内，发包方不得调整承包地，但是《农村土地承包法》第 28 条也有一项例外规定，即因自然灾害严重损毁承包地等特殊情况需要对个别农户之间承包的耕地和草地进行适当调整的，发包方可以依法调整，但必须经本集体经济组织成员的村民会议 2/3 以上成员或者 2/3 以上村民代表的同意,并报乡(镇)人民政府和县级人民政府农业农村、林业和草原等行政主管部门批准,否则,在承包期内发包方不得随意调整承包地。

上述案例中,郭某承包的土地因受山体滑坡影响严重损毁,无法继续耕种,作为发包方的村委会可以对郭某承包的土地进行适当的调整,但必须经过法定程序。法定程序是经本集体经济组织成员的村民会议 2/3 以上成员或者 2/3 以上村民代表的同意,无须全部村民同意。

🏛 政策法律依据

《中华人民共和国农村土地承包法》

第二十八条 承包期内,发包方不得调整承包地。

承包期内,因自然灾害严重毁损承包地等特殊情形对个别农户之间承包的耕地和草地需要适当调整的,必须经本集体经济组织成员的村民会议三分之二以上成员或者三分之二以上村民代表的同意,并报乡(镇)人民政府和县级人民政府农业农村、林业和草原等主管部门批准。承包合同中约定不得调整的,按照其约定。

82 家庭承包和以其他方式承包有什么不同？

疑惑

张某在村里有一块25亩的承包地，承包期到2010年。2004年土地确权，按照规定每人确权2亩土地，张某家有三口人，应分得6亩确权地，村委会说6亩土地从25亩承包地里确定，但是张某不明白，25亩承包土地和6亩确权土地有什么区别？

解析

农村土地承包采取农村集体经济组织内部的家庭承包方式，不宜采取家庭承包方式的荒山、荒沟、荒丘、荒滩等农村土地，可以采取招标拍卖、公开协商等方式承包。我国法律规定的家庭承包是集体经济组织内部人人有份的承包。其他方式承包相较于家庭承包而言，是指集体经济组织按照效益优先、兼顾公平的原则，通过招标、拍卖、公开协商等方式，将"四荒"地、养殖水面等承包给本集体经济组织成员或集体经济组织以外的单位和个人的一种承包方式。

家庭承包和其他方式承包的区别：一是承包方不同。家庭承包的承包方只能是本集体经济组织内部的农户。而其他方式承包的承包方,既可以是本集体经济组织内部的农户,也可以是经过本集体经济组织成员的村民会议2/3以上成员或者2/3以上村民代表同意的外部企事业单位和个人。二是承包的对象不同。家庭承包的对象主要是耕地、林地和草地。其他方式承包的对象,主要是不适宜实行家庭承包的土地,包括"四荒"以及果园、蚕场、养殖水面及其他零星土地。三是承包土地的原则不同。家庭承包的基本原则是公平,本集体组织成员人人有份。其他方式的承包不是人人有份的平均承包,承包的原则是效率优先,兼顾公平。四是确定当事人权利义务的方式不同。家庭承包确定双方的权利义务必须遵守法律的具体规定。其他方式的承包,双方当事人可以按照法律规定的方式,通过平等协商一致,确定双方的权利义务。

家庭承包,承包方享有以下权利:(1)依法享有承包地使用、收益的权利,有权自主组织生产经营和处置产品;(2)依法互换、转让土地承包经营权;(3)依法流转土地经营权;(4)承包地被依法征收、征用、占用的,有权依法获得相应的补偿;(5)法律、行政法规规定的其他权利。同时,承包方应当承担以下义务:(1)维持土地的农业用途,未经依法批准不得用于非农建设;(2)依法保护和合理利用土地,不得给土地造成永久性的损害;(3)法律、行政法规规定的其他义务。

以其他方式承包农村土地的,当事人的权利和义务、承包期限等,由双方协商确定。

政策法律依据

《中华人民共和国农村土地承包法》

第十六条 家庭承包的承包方是本集体经济组织的农户。

农户内家庭成员依法平等享有承包土地的各项权益。

第十七条 承包方享有下列权利：

（一）依法享有承包地使用、收益的权利，有权自主组织生产经营和处置产品；

（二）依法互换、转让土地承包经营权；

（三）依法流转土地承包权；

（四）承包地被依法征收、征用、占用的，有权依法获得相应的补偿；

（五）法律、行政法规规定的其他权利。

第十八条 承包方承担下列义务：

（一）维持土地的农业用途，未经依法批准不得用于非农建设；

（二）依法保护和合理利用土地，不得给土地造成永久性损害；

（三）法律、行政法规规定的其他义务。

第四十八条 不宜采取家庭承包方式的荒山、荒沟、荒丘、荒滩等农村土地，通过招标、拍卖、公开协商等方式承包的，适用本章规定。

第四十九条 以其他方式承包农村土地的，应当签订承包合同，承包方取得土地经营权。当事人的权利和义务、承包期限等，由双方协商确定。以招标、拍卖方式承包的，承包费通过公开竞标、竞价确定；以公开协商等方式承包的，承包费由双方议定。

第五十一条 以其他方式承包农村土地，在同等条件下，本集体经济组织成员有权优先承包。

第五十二条 发包方将农村土地发包给本集体经济组织以外的单位或者个人承包，应当事先经本集体经济组织成员的村民会议三分之二以上成员或者三分之二以上村民代表的同意，并报乡（镇）人民政府批准。

由本集体经济组织以外的单位或者个人承包的，应当对承包方的资信情况和经营能力进行审查后，再签订承包合同。

83 土地承包经营权出租的收益，要分给村委会吗？

疑惑

李某夫妇在村里承包了 30 亩地耕种，承包期限 20 年，起初二人以种地为生，随着儿子越来越大，上学的费用也越来越多。但供儿子考上名牌大学，走出大山，是李某夫妇最大的心愿。二人经商量决定到城里打工，可以一边陪儿子读书，一边挣钱，家里的承包地还能对外出租赚取一些收益。

王某正想在本村租一块土地种植蔬菜,经村委会介绍,王某觉得李某的20亩土地面积够大,土地肥沃齐整,种植蔬菜正合适,双方经过协商,李某决定把20亩土地出租给王某。村委会作为土地的发包人,在了解上述情况后提出,如果承包方对外流转土地,需拿出10%的收益作为管理费交给村委会。但李某不太愿意。请问:村委会有权收取所谓的管理费吗?

解析

土地承包经营权流转的转包费、租金、转让费等,应当由当事人双方协商确定。流转的收益归承包方所有,任何组织和个人不得擅自截留、扣缴。李某将自己承包的土地出租给王某,就租金双方协商确定,所得租金均为己有,无须向村委会分成。

政策法律依据

《中华人民共和国农村土地承包法》

第三十九条　土地承包经营权流转的价款,应当由当事人双方协商确定。流转的收益归承包方所有,任何组织和个人不得擅自截留、扣缴。

84 承包土地要签订书面合同吗?

疑惑

蔡某小学毕业后就不上学了,一直在农村和父母务农,成年后的蔡某不甘心一直在家务农,于是跑到城里打工。经熟人介绍,蔡某在一家建筑工地上班。不幸的是,蔡某在干活时不小心从高处坠落,当场死亡。蔡某的父母悲痛欲绝,实在受不了白发人送黑发人的打击。为儿子办理完后事,准备把儿子的财产进行处理,但到村委会处理儿子的承包地时,村委会却要求拿出儿子承包土地的合同书,老蔡不解,村里分地不都是口头宣布的吗,哪有什么合同?请问:承包土地要签订合同吗?应该写明哪些内容?

解析

承包土地应当签署书面合同。承包合同,是指发包方与承包方就土地承包的相关权利义务进行明确约定而订立的协议。双方签订书面协议是合同成立的证据,使之在法律上产生相应的效力,受到法律的保护。根据《农村土地承包法》第22条的规定,农村土地承包应当订立书面承包合同。

为了更好地履行合同,避免发生争议,承包合同应包含以下条款:(1)发包方、承包方的名称,发包负责人和承包代表的姓名、住所;(2)承包土地的名称、坐落、面积、质量等级;(3)承包期限和起止日期;(4)承包土地的用途;(5)发包方和承包方的权利和义务;(6)违约责任。除此之外,发包方和承包方还可以在法律规定的范围内,协商约定其他合同条款。一旦合同双方签订成立承包合同,合同即生效,承包方依法取得该地块的土地承包经营权。

政策法律依据

《中华人民共和国农村土地承包法》

第二十二条 发包方应当与承包方签订书面承包合同。承包合同一般包括以下条款:

(一)发包方、承包方的名称,发包责任人和承包方代表的姓名、住所;

(二)承包土地的名称、坐落、面积、质量等级;

(三)承包期限和起止日期;

(四)承包土地的用途;

(五)发包方和承包方的权利和义务;

(六)违约责任。

第二十三条 承包合同自成立之日起生效。承包方自承包合同生效时取得土地承包经营权。

85 承包人死亡后征地补偿款可以继承吗？

疑惑

马某有五个子女，分别为马某一、马某二、马某三、马某四、马某五。马某二赡养马某到2000年，后马某由马某一赡养，直到2009年7月马某去世。办理马某丧葬事宜时，马某二、马某一各拿出7000元，马某三、马某四、马某五各拿出3000元。1998年，马某一所在的村分地时，村里按马某一户上五口人分的地，五口人分别是马某、马某一及马某一的妻子王某、马某一的两个儿子。土地承包经营权证书上登记的承包户主为马某一，共分得承包土地4亩，承包期间为1998年9月30日至2028年9月30日。2011年6月该承包土地被征用，每亩土地补偿标准为49,664元，2012年5月底，马某一拿到了土地补偿款。但马某二、马某三、马某四、马某五认为，土地补偿款中有父亲的遗产，应进行分割。请问：征地补偿款中有马某的遗产吗？

解析

《民法典》第1122条规定："遗产是自然人死亡时遗留的个人合法财产。依照法律规定或者根据其性质不得继承的遗产，不得继承。"

关于土地承包经营权能否继承的问题,根据《农村土地承包法》第 32 条的规定:"承包人应得的承包收益,依照继承法的规定继承。林地承包的承包人死亡,其继承人可以在承包期内继续承包。"第 54 条规定:"依照本章规定通过招标、拍卖、公开协商等方式取得土地经营权的,该承包人死亡,其应得的承包收益,依照继承法的规定继承;在承包期内,其继承人可以继续承包。"这两个法条分别规定:家庭联产承包中的林地承包经营权与除家庭联产承包外的其他承包方式的土地经营权可以继承。法律作出这样的规定,是因为林地承包和针对"四荒"地的以其他方式的承包性质特殊,投资周期长,见效慢,收益期间长,为了维护承包合同的长期稳定性,保护承包方的利益,在林地承包的承包人死亡后,其继承人可以在承包期内继续承包。而对于林地以外的其他家庭承包土地,法律未授予继承人可以继续承包的权利。又根据《农村土地承包法》第 16 条第 1 款的规定,"家庭承包的承包方是本集体经济组织的农户",所以家庭承包是以户为单位取得土地承包经营权,承包期内家庭部分成员死亡的,土地承包经营权不发生继承问题,家庭成员全部死亡的,土地承包经营权消灭,由发包方收回承包地,不存在继承的问题。

上述案例中,马某死亡后,其已经不享有承包经营权,其原承包合同的权利义务转移给该户的其他承包人继续承包,即由马某一为户主的家庭成员承包,所以所得的土地补偿款也谈不上继承的问题。

第五章　土地承包问题

政策法律依据

《中华人民共和国民法典》

第一千一百二十二条　遗产是自然人死亡时遗留的个人合法财产。

依照法律规定或者根据其性质不得继承的遗产,不得继承。

《中华人民共和国土地管理法》

第四十八条第一、二款　征收土地应当给予公平、合理的补偿,保障被征地农民原有生活水平不降低、长远生计有保障。

征收土地应当依法及时足额支付土地补偿费、安置补助费以及农村村民住宅、其他地上附着物和青苗等的补偿费用,并安排被征地农民的社会保障费用。

《中华人民共和国农村土地承包法》

第十六条　家庭承包的承包方是本集体经济组织的农户。

农户内家庭成员依法平等享有承包土地的各项权益。

第三十二条　承包人应得的承包收益,依照继承法的规定继承。

林地承包的承包人死亡,其继承人可以在承包期内继续承包。

第五十四条　依照本章规定通过招标、拍卖、公开协商等方式取得土地经营权的,该承包人死亡,其应得的承包收益,依照继承法的规定继承;在承包期内,其继承人可以继续承包。

CHAPTER
6

第六章

村民自治与选举问题

86 村委会换届选举，村民对选举名单有异议怎么办？

疑惑

杨大爷有一天遛弯儿去村委会门口发现了3天前公布的参加选举的村民名单，杨大爷出于好奇看了看里面的内容，却看到了邻村村民张某的名字，第二天杨大爷就向村委会的工作人员小王询问：张某不是咱们村的人，可以参加选举吗？村民何大姐正好走过来，说：对呀，张某因为父母发生车祸去世，来咱们村投靠亲戚，是不是投靠亲戚就能参加咱村的选举啊？杨大爷和何大姐都不是很懂，但又有疑问，不知该怎么办。请问：村民对村委会选民名单有异议的，该怎么办？

解析

村民对村委会选举名单有异议的，可以依法向村民选举委员会申诉。按照《村民委员会组织法》第14条的规定，"登记参加选举的村民名单应当在选举日的二十日前由村民选举委员会公布。对登记参加选举的村民名单有异议的，应当自名单公布之日起五日内向村

223

民选举委员会申诉,村民选举委员会应当自收到申诉之日起三日内作出处理决定,并公布处理结果"。

上述案例中,杨大爷和何大姐看到公布的登记参加选举的村民名单时是名单公布2日后,没超出5日,因此杨大爷和何大姐可以向村民选举委员会申诉,村民选举委员会应当在3日内作出处理决定。

🏛 政策法律依据

《中华人民共和国村民委员会组织法》

第十四条 登记参加选举的村民名单应当在选举日的二十日前由村民选举委员会公布。

对登记参加选举的村民名单有异议的,应当自名单公布之日起五日内向村民选举委员会申诉,村民选举委员会应当自收到申诉之日起三日内作出处理决定,并公布处理结果。

87 村民发现村干部候选人为了当选贿赂他人该怎么办?

👤 疑惑

刘村村委会主任选举最终确定了两位候选人王某和花某,这二人在村里的实力及影响力不相上下,由于花某忠厚老实,村里大部分人更偏向于选他。但王某为了当选费尽心思,不仅拉拢亲朋好友选他,还动员亲朋好友帮忙说服他人投自己的票。王某的弟弟却提出来,光靠嘴说,我们也不好说服他人,如果能表示表示,我们也好给别人做工作。王某一想也觉得很有道理,况且现在花点钱当选,以后也吃不了亏,于是答应给每个投他选票的人发个大礼包。王某的弟弟找到李某家,表示投哥哥一票就可以获得一个大礼包,李某的妻子虽然对王某一家很反感,但不好意思当面拒绝假装答应。王某走后,李某的妻子找到乡亲们商量此事,才发现王某的亲戚到各家游说,要么贿赂,要么威胁大家。请问:按照法律规定,村民们应该怎么维护自己的权利?

解析

根据《村民委员会组织法》第 17 条第 2 款规定,对暴力、威胁、欺骗、贿赂、伪造选票、虚报选举票数等不正当手段,妨害村民行使选举权、被选举权,破坏村民委员会选举的行为,村民有权向乡、民族乡、镇的人民代表大会和人民政府或者县级人民代表大会常务委员会和人民政府及其有关主管部门举报,由乡级或者县级人民政府负责调查并依法处理。

上述案例中,王某显然存在威胁、贿赂等行为,妨害了村民行使选举权,扰乱了正常的选举秩序,村民有权向乡级人民代表大会和人民政府或者县级人大常委会和政府及其有关主管部门举报。

政策法律依据

《中华人民共和国村民委员会组织法》

第十七条 以暴力、威胁、欺骗、贿赂、伪造选票、虚报选举票数等不正当手段当选村民委员会成员的,当选无效。

对以暴力、威胁、欺骗、贿赂、伪造选票、虚报选举票数等不正当手段,妨害村民行使选举权、被选举权、破坏村民委员会选举的行为,村民有权向乡、民族乡、镇的人民代表大会和人民政府或者县级人民代表大会常务委员会和人民政府及其有关主管部门举报,由乡级或者县级人民政府负责调查并依法处理。

88 能在两个村同时参加选举吗?

疑惑

小王从小出生在王村,虽然结婚后嫁到李村,但考虑王村很快就要拆迁,户口一直未迁出。很快到了选举的时候,小王的叔叔有意竞争王村的村主任,托小王的父亲让小王投自己一票,小王不好意思推托就答应了。小王的公公是李村的名人,也想竞争李村的村主任。为了两边都不影响投票,小王在王村和李村都进行了选民登记。请

第六章　村民自治与选举问题

问:小王能在王村和李村同时选举投票吗?

解析

根据《村民委员会组织法》第 13 条的规定,年满 18 周岁的村民,不分民族、种族、性别、职业、家庭出身、宗教信仰、教育程度、财产状况、居住期限,都有选举权和被选举权;但是,依照法律被剥夺政治权利的人除外。村民委员会选举前,应当对下列人员进行登记,列入参加选举的村民名单:(1)户籍在本村并且在本村居住的村民;(2)户籍在本村,不在本村居住,本人表示参加选举的村民;(3)户籍不在本村,在本村居住 1 年以上,本人申请参加选举,并且经村民会议或者村民代表会议同意参加选举的公民。已在户籍所在村或者居住村登记参加选举的村民,不得再参加其他地方村民委员会的选举。户籍地和居住地不是同一地的公民可以参加居住地(常住的)的选举,也可以参加户籍地的选举,只能参加一地的选举,不能同时参加两地的选举。零散的家庭户公民参加居住地的选举,必须到户籍地开具证明才可以登记选民,参加选举,工厂的工人、学校的教职员工和学生以及其他单位的工作人员,参加所在地(居住地)的选举,不需要回户籍地开具证明,公民回户籍地参加选举,不需要居住地开具证明。

上述案例中,小王的户口在王村,且在李村居住满 1 年以上,故小王可以在王村或李村选举,但只能选择一地。

政策法律依据

《中华人民共和国村民委员会组织法》

第十三条 年满十八周岁的村民,不分民族、种族、性别、职业、家庭出身、宗教信仰、教育程度、财产状况、居住期限,都有选举权和被选举权;但是,依照法律被剥夺政治权利的人除外。

村民委员会选举前,应当对下列人员进行登记,列入参加选举的村民名单:

(一)户籍在本村并且在本村居住的村民;

(二)户籍在本村,不在本村居住,本人表示参加选举的村民;

(三)户籍不在本村,在本村居住一年以上,本人申请参加选举,并且经村民会议或者村民代表会议同意参加选举的公民。

已在户籍所在村或者居住村登记参加选举的村民,不得再参加其他地方村民委员会的选举。

89 村民委员会、村民会议、村民代表会议有什么区别？

疑惑

袁某居住在深山地区，村民都在山脚下的平坦地带建房，所以大家居住得比较分散。村里的人都以种地为生，一年四季粮食、瓜果、蔬菜都能种植，虽然收入不高，但可以满足日常温饱。袁某的儿子小袁是村里少有的考出大山到城里上学的孩子，毕业后想要回老家作贡献，就回到了村里工作。村支书见回来了有文化的大学生，村里大大小小的事务都喜欢咨询小袁。按照上级要求，需要规范村委会的日常运行，设立村民代表会议，但包括村支书在内的村委会成员都不太懂法律，不知道该怎么设立，也不明白村民代表会议和村民会议有什么区别，和村委会又是什么关系。于是，村委会把所有的希望都寄托在小袁的身上，希望小袁能够帮助村里依法合规地设立村民代表会议，小袁觉得设立村民代表会议是关系各家各户的大事，自己很愿意出力，他决定先弄清楚法律对此事是如何规定的。请问：村民委员会、村民会议、村民代表会议有什么区别？我国法律对于村民代表会议的设立是怎么规定的？

解析

村民委员会，是乡或镇所辖的行政村的村民选举产生的村民自我管理、自我教育、自我服务的群众性自治组织。村民会议，是由村民委员会召集，由本村18周岁以上村民的过半数参加，或者有本村2/3以上的户的代表参加的会议，所作决定应当经到会人员的过半数通过，主要职权有制定规章权、人事任免权、议事决策权、民主监督权，是村民实现直接民主的基本形式。村民代表会议，由村民委员会召集，讨论决定村民会议授权的事项及村委会提交的议案，向村民会议负责，是村民委员会实行民主决策、民主管理、民主监督的一种有效形式。

简单地讲，村民委员会是一种组织，有一定的主体地位、资格。村民会议和村民代表会议是由村民委员会召集的会议。村民代表会议的设立需要注意哪些事项，《村民委员会组织法》第25条规定，人数较多或者居住分散的村，可以设立村民代表会议，讨论决定村民会议授权的事项。村民代表会议由村民委员会成员和村民代表组成，村民代表应当占村民代表会议组成人员的4/5以上。

上述案例中，小袁居住的村子地处深山，村民居住分散，依法可以设立村民代表会议。需要注意的是，村民代表会议由村委会成员和村民代表组成，村民代表的比例为4/5以上，妇女代表的比例也应符合1/3以上的要求。

🏛 政策法律依据

《中华人民共和国村民委员会组织法》

第二条 村民委员会是村民自我管理、自我教育、自我服务的基层群众性自治组织,实行民主选举、民主决策、民主管理、民主监督。

村民委员会办理本村的公共事务和公益事业,调解民间纠纷,协助维护社会治安,向人民政府反映村民的意见、要求和提出建议。

村民委员会向村民会议、村民代表会议负责并报告工作。

第二十一条 村民会议由本村十八周岁以上的村民组成。

村民会议由村民委员会召集。有十分之一以上的村民或者三分之一以上的村民代表提议,应当召集村民会议。召集村民会议,应当提前十天通知村民。

第二十二条 召开村民会议,应当有本村十八周岁以上村民的过半数,或者本村三分之二以上的户的代表参加,村民会议所作决定应当经到会人员的过半数通过。法律对召开村民会议及作出决定另有规定的,依照其规定。

召开村民会议,根据需要可以邀请驻本村的企业、事业单位和群众组织派代表列席。

第二十五条 人数较多或者居住分散的村,可以设立村民代表会议,讨论决定村民会议授权的事项。村民代表会议由村民委员会成员和村民代表组成,村民代表应当占村民代表会议组成人员的五分之四以上,妇女村民代表应当占村民代表会议组成人员的三分之一以上。

村民代表由村民按每五户至十五户推选一人,或者由各村民小组推选若干人。村民代表的任期与村民委员会的任期相同。村民代表可以连选连任。

村民代表应当向其推选户或者村民小组负责,接受村民监督。

第二十六条 村民代表会议由村民委员会召集。村民代表会议每季度召开一次。有五分之一以上的村民代表提议,应当召集村民代表会议。

村民代表会议有三分之二以上的组成人员参加方可召开,所作决定应当经到会人员的过半数同意。

90 村民小组会议决定有 1/2 到会人员同意是否有效?

疑惑

2018 年 5 月,王村召开村民小组会议,商讨下个月的选民事项,本村村民小组成年人 23 人,当天参加会议的有 20 人,由于村民小组组长是刚推选出来的李某,在进行表决时,大部分讨论事项都没有什么争议,全票通过。在讨论到选民时,同意的人数刚好有 10 人。组长李某看同意的人数达到了一半,便宣布通过。这时一旁的王某提出了质疑,称虽然有半数同意,但也有半数不同意,同意和不同意的人数各占一半。请问:村民小组会议中究竟有多少人同意才能通过决定?

解析

村民小组会议是由本村民小组 18 周岁以上的村民组成,是集体讨论本村民小组具体事务的会议组织。属于村民小组的集体所有的土地、企业和其他财产的经营管理以及公益事项的办理,由村民小组会议依照有关法律的规定讨论决定,所作决定及实施情况应当及时向本村民小组的村民公布。召开村民小组会议,应当有本村民小组 18 周岁以上的村民 2/3 以上,或者本村民小组 2/3 以上的户的代表参加,所作决定应当经到会人员的过半数同意。由此可知,该村民小组参加会议的人数符合规定,但刚好半数同意的决定不能通过。因为法律明确规定的是"过半数",也就是说,在这次会议中,每个事项的决定至少有 11 人同意才可通过,因此,王某提出质疑是有道理的。

政策法律依据

《中华人民共和国村民委员会组织法》

第二十八条 召开村民小组会议,应当有本村民小组十八周岁

233

以上的村民三分之二以上,或者本村民小组三分之二以上的户的代表参加,所作决定应当经到会人员的过半数同意。

村民小组组长由村民小组会议推选。村民小组组长任期与村民委员会的任期相同,可以连选连任。

属于村民小组的集体所有的土地、企业和其他财产的经营管理以及公益事项的办理,由村民小组会议依照有关法律的规定讨论决定,所作决定及实施情况应当及时向本村民小组的村民公布。

91 村委会没有公开重要事项,村民该怎么办?

疑惑

王村积极落实国家政策,在村委会门前设立了村务公开栏,方便及时公开村务,接受村民监督。2019年6月,该村进行道路修建,政府拨了一笔道路修建资金,村民们听到此消息后很高兴,盼望着早日修好道路,大家出行都方便。2020年第一季度开村务会,很多村民因为关心道路修建的花销问题,第一时间赶到村委会门前的村务公开栏看,发现并没有道路修建的相关信息。有人向村委会人员询问,也没有得到什么实质性的答复。后来,村里人都知道了这一情况,心里不太踏实,觉得这么重要的信息村委会应当及时公开。请问:村民应该怎么做?

解析

对于政府拨付和接受社会捐赠的救灾救助、补贴补助等资金、物资的管理使用情况,村民委员会应当及时公布,接受村民监督。村民委员会不及时公布应当公布的事项或者公布的事项不真实的,村民有权向乡、民族乡、镇的人民政府或者县级人民政府及其有关主管部门反映,有关人民政府或者主管部门应当负责调查核实,责令依法公布;经查证确有违法行为的,有关人员应当依法承担责任。

上述案例中,道路修建是关系本村村民利益的重大事项,使用的是政府拨付的资金,村民较为关心,鉴于村委会没有及时公布相关信息,村民有权利向乡级或者县级人民政府反映,政府主管部门应调查核实,确应公布的应责令村委会依法公布,有违法行为的人员应依法承担责任。

政策法律依据

《中华人民共和国村民委员会组织法》

第三十条　村民委员会实行村务公开制度。

村民委员会应当及时公布下列事项,接受村民的监督:

(一)本法第二十三条、第二十四条规定的由村民会议、村民代表

会议讨论决定的事项及其实施情况;

(二)国家计划生育政策的落实方案;

(三)政府拨付和接受社会捐赠的救灾救助、补贴补助等资金、物资的管理使用情况;

(四)村民委员会协助人民政府开展工作的情况;

(五)涉及本村村民利益,村民普遍关心的其他事项。

前款规定事项中,一般事项至少每季度公布一次;集体财物往来较多的,财物收支情况应当每月公布一次;涉及村民利益的重大事项应当随时公布。

村民委员会应当保证所公布事项的真实性,并接受村民的查询。

第三十一条 村民委员会不及时公布应当公布的事项或者公布的事项不真实的,村民有权向乡、民族乡、镇的人民政府或者县级人民政府及其有关主管部门反映,有关人民政府或者主管部门应当负责调查核实,责令依法公布;经查证确有违法行为的,有关人员应当依法承担责任。

92 村民的合法权益被村委会侵害怎么办?

疑惑

赵奶奶是村里的孤寡老人,无儿无女,也没有固定的生活来源,多年来一直靠亲戚和邻居的接济过日子。2020年村里新支书上任后,正好赶上镇里分配低保名额,该村人口少再加上近几年发展得不错,只有一个名额。按照条件,赵奶奶符合,且村里的村民也都觉得名额给赵奶奶没有问题。但没想到新任村支书偷偷把名额给了自己的表叔,而他表叔有20亩承包土地,不用干活还能拿固定的土地流转费。赵奶奶得知后,很生气,想要找地方说说理。请问:赵奶奶应该如何维护自己的权益?

解析

《村民委员会组织法》第36条规定,村民委员会或者村民委员会成员作出的决定侵害村民合法权益的,受侵害的村民可以申请人民法院予以撤销,责任人依法承担法律责任。村民委员会不依照法律、法规的规定履行法定义务的,由乡、民族乡、镇的人民政府责令改正。根据上述规定,对村民委员会及其成员作出的可能侵害村民合法权益的决定,法律赋予村民两条救济途径:一是向人民法院提起民事诉讼;二是由乡、镇政府责令改正。村民可以选择依法向人民法院提起民事诉讼解决相关争议,也可以请求乡、镇政府依法对村民委员会及其成员作出的决定进行监督,责令其改正违法的决定。也就是说,接受村民申请,依法对村民委员会不依照法律、法规的规定履行法定义务的行为实施监督,属于乡、镇政府的法定职责。但是,村民就同一监督事项,先行提起民事诉讼,人民法院作出生效判决后,村民又向乡、镇政府申请监督的,由于受生效民事判决效力的拘束,乡、镇政府无权再行作出处理。

上述案例中,赵奶奶是村里最符合低保条件的人,新任村支书却徇私情,私自将低保名额给了自己的表叔,侵害了赵奶奶的合法权益。赵奶奶可以申请人民法院予以撤销。

政策法律依据

《中华人民共和国村民委员会组织法》

第三十六条　村民委员会或者村民委员会成员作出的决定侵害村民合法权益的,受侵害的村民可以申请人民法院予以撤销,责任人依法承担法律责任。

村民委员会不依照法律、法规的规定履行法定义务的,由乡、民族乡、镇的人民政府责令改正。

乡、民族乡、镇的人民政府干预依法属于村民自治范围事项的,由上一级人民政府责令改正。

CHAPTER

7

第七章

农村医疗问题

93 赤脚医生能在村里开诊所吗?

疑惑

黄某是黄村的村民,自1998年起,黄某就在黄村开了一家诊所,成了镇里的赤脚医生。由于诊所的药费比医院便宜,且看病手续比医院简单,周边村里很多村民都喜欢来诊所找黄某看病。诊所持续经营,直到上年7月,隔壁刘村村民刘某因为风寒感冒来到黄某的诊所,黄某看后给他打吊瓶,但是吊瓶打到一半,刘某全身冒汗,双眼翻白,手和脚不受控制地踢来踢去,黄某和家属连忙将刘某送往镇上的医院。到医院后,刘某一直不停地吐血,经抢救无效死亡。经鉴定,刘某突然死亡,是因为血小板减少导致肺部出血。在事件调查过程中,调查人员发现,黄某的诊所里光线昏暗,空气污浊,环境很差,药品摆放得也非常杂乱,并且没有符合规范的消毒器具。相关人员还发现黄某没有获得医师资格证书。请问:没有取得医师资格证书行医,需要承担什么责任?

解析

根据《医师法》的规定,在我国合法行医必须有两个证书,一个是医师资格证书,另一个是医师执业证书。医师资格证书,是通过全国统一的执业医师资格考试和执业助理医师资格考试后,由国家卫健委统一发放的,属于医疗技术方面的认可,证明持证人具有独立从事医疗活动的技术和能力,证书永久有效。医师执业证书,是获得了医师资格证书后经申请由当地卫生部门发的,表示允许在某个医院行医,并规定了行医范围,这是行政方面的认可。所以医生要行医须先参加执业医师资格考试,取得医师资格证书。再到自己工作医院所在地的卫生机构申请取得医师执业证书,两个证都拿到,才有资格行医。依据《医师执业注册暂行办法》(失效)(卫生部令第5号)获得执业医师资格或执业助理医师资格后2年内未注册者,申请注册时,还应提交在省级以上卫生行政部门指定的机构接受3~6个月的培训,并经考核合格的证明。

　　村医没有医师资格证书算非法行医吗?我国部分乡村的医生是不具备《医师法》规定的执业医师资格或者执业助理医师资格的。这部分人称为乡村医生,是指尚未取得执业医师资格或者执业助理医师资格,经注册在村医疗卫生机构从事预防、保健和一般医疗服务的医生,国务院制定的管理办法《乡村医生从业管理条例》对其进行管理。乡村医生应当向县级卫生行政主管部门申请乡村医生执业注册,取得《乡村医生执业证书》后,继续在村医疗卫生机构执业。依据《医疗机构管理条例》和《乡村医生从业管理条例》的规定,乡村医生必须在取得《医疗机构执业许可证》的村医疗卫生机构执业,并且必须在注册的执业地点内执业。若违反上述规定,将依据《医疗机构管理条例》及《医师法》进行处罚。

　　常见的非法行医类型包括以下几类:未取得医师资格证书和医

师执业证书从事诊疗活动的;未取得乡村医生执业证书,从事乡村医疗活动的;个人未取得医疗机构执业许可证开办医疗机构的;被依法吊销医师执业证书期间从事医疗活动的;执业医师变换执业场所未办理变更注册执业,特别是到无执业主体的场所执业、药店坐堂行医等场所执业;医疗机构擅自开展未经核准或需专项许可、特殊许可的科目,如妇产科、医学影像科等;承包、承租医疗机构科室或病房,并以该医疗机构名义开展诊疗活动的;医疗机构使用卫生技术人员从事本专业以外诊疗活动的,如牙科医生从事妇科诊疗等。

上述案例中,黄某没有取得医师执业证书、医师资格证书,也没有乡村医生执业证书,在村里行医属于违法行为,应该由县级以上卫生行政部门进行相应处罚。

政策法律依据

《医疗机构管理条例》

第十四条 医疗机构执业,必须进行登记,领取《医疗机构执业许可证》。……

第二十三条 任何单位或者个人,未取得《医疗机构执业许可证》或者未经备案,不得开展诊疗活动。

《乡村医生从业管理条例》

第二条 本条例适用于尚未取得执业医师资格或者执业助理医师资格,经注册在村医疗卫生机构从事预防、保健和一般医疗服务的乡村医生。

村医疗卫生机构中的执业医师或者执业助理医师,依照执业医师法的规定管理,不适用本条例。

第九条 国家实行乡村医生执业注册制度。

县级人民政府卫生行政主管部门负责乡村医生执业注册工作。

94 乡镇医院未及时抢救危重病人要承担什么责任?

疑惑

2017年,徐村村民徐某的儿子徐小和几个同伴在树林玩耍。几个小朋友带着新买的玩具手枪,就提议玩警察抓坏人的游戏。在玩耍过程中,一个小朋友用玩具枪作为道具,不小心飞出的塑料子弹打中了徐小的眼睛,徐小的眼睛流血不止,疼得号啕大哭。众多小伙伴赶紧将他送回了家。徐某看到儿子的情况,又恼又急,赶紧把儿子送到镇医院。医院要求徐某先交纳押金,不然不能治疗,徐某出门时太过匆忙,听到后赶紧回家取钱,来回花了2个小时。谁知道刚交完押金,医生看过之后却跟徐某说,徐小眼睛的受伤情况比较复杂,镇里的医疗水平不太好治,要求徐某带儿子徐小到市里的大医院治疗。徐某又带着徐小急忙赶往市里的医院,因为路途遥远,又花费了两三个小时。市医院看过之后,告知徐某其儿子徐小错失了治疗的最佳时间,有可能会失明,如果受伤后立刻抢救就不会这么严重。徐某想到自己在镇医院耽误了好几个小时,认为如果镇医院及时对儿子徐小进行治疗,儿子的眼睛就不会失明。因此找到镇医院理论,但是镇医院没有理会。徐某诉至法院,要求镇医院赔偿医疗费损失和精神损失。请问:镇医院需要对徐小的失明承担责任吗?

解析

紧急救治义务是医疗机构的法定义务,是对患者生命健康权的关怀。为此相关法律法规进行了规定,《医疗机构管理条例》规定,医疗机构对危重病人应当立即抢救。《医师法》规定,对急危患者,医师应当采取紧急措施进行诊治。不得拒绝急救处置。《医疗事故处理条例》规定,医务人员履行法定的紧急救治义务造成患者不良后果的责任豁免。《民法典》规定,因抢救生命垂危的患者等紧急情况,不能取得患者或者其近亲属意见的,经医疗机构负责人或者授权的负责人批准,可以立即实施相应的医疗措施。危重病人指的是病情非常严重的病人,具体需要符合几个条件,一是危,即情况非常危险。二是重,即病情极其严重。三是急,即必须立刻施救,如果不立刻进行治疗可能立即死亡或无法恢复。医疗机构属于公益性机构,具有救死扶伤的能力与义务,对于危重病人应当立刻抢救。在医院诊疗过程中,如果因为医院确实存在设备限制或者医生技术水平有限而出现确实无法对病人进行治疗的情况,需要及时转诊。

上述案例中,因为徐某没有先交押金,镇医院便没有开展诊疗活动,致使徐小眼睛因延误治疗而可能失明,而且镇医院无治疗条件也没有及时转诊,应根据因果关系的大小等承担赔偿责任。

🏛 政策法律依据

《中华人民共和国民法典》

第一千二百二十条 因抢救生命垂危的患者等紧急情况,不能取得患者或者其近亲属意见的,经医疗机构负责人或者授权的负责人批准,可以立即实施相应的医疗措施。

《医疗机构管理条例》

第三十条 医疗机构对危重病人应当立即抢救。对限于设备或者技术条件不能诊治的病人,应当及时转诊。

95 患者认为医疗机构存在"过度检查",该怎么办?

👤 疑惑

白某因腹部剧烈疼痛等原因被送往某医院急诊科治疗。某医院对白某进行超声检查，显示白某左侧输尿管上段扩张并左肾轻度积液等，急诊临床诊断白某患输尿管结石并开始对白某对症用药输液治疗。输液后，白某疼痛未完全解除，某医院当晚遂将其收治入院并指派医师负责治疗。后某医院于住院第二天上午对白某进行抽血、检验大小便等术前检查，并进行DR诊断检查确定双肾功能正常等。某医院于住院第三天上午对白某再次进行超声检查，检查报告单显示白某双肾、输尿管、膀胱未见明显异常，遂于当天安排白某出院。白某在某医院急诊治疗支付医疗费587元，住院治疗期间支付医疗费3653元。但白某认为只是结石，为什么收这么多医疗费，医院肯定存在过度医疗，某医院则称相关检查及治疗行为正确、适度、积极、有效，并非过度医疗。请问：白某该怎么做？

解析

根据《民法典》第1227条的规定，医疗机构及其医务人员不得违反诊疗规范对患者进行不必要的检查。这里的违规的不必要检查就是过度检查，其属于过度诊疗的表现。过度检查不仅有损患者健康，也造成了医疗资源的浪费，显然属于应当避免的情形。而实践中对于过度检查的正确理解可从以下两个方面把握：

一是过度检查的界定。在大多数情况下，患者对于医学知识和医疗技术是不了解的。患者在到医疗机构就诊后是否需要进行医学检查和应当进行何种医学检查，完全由医务人员所确定和掌握，患者原则上是不具有选择权的。当然医务人员出于法律规定和职业道德的要求，其具有合理诊疗的注意义务，其原则上应当按照诊疗规范来确定检查与否以及检查项目的。而这也是判断是适度检查还是过度检查的客观标准。从实践来看，医疗机构实施过度检查主要有两种情形，一种是本来不需要检查而要求患者检查，另一种则是本来可以用简单诊疗技术进行检查却要求患者采用成本高的复杂诊疗技术进行检查。不过医疗行业具有特殊性，主要表现在疾病的不确定性和诊疗措施的多样性，这也导致在实践中对适度检查和过度检查难以有一个明确的界限，对其进行认定是一个非常专业的问题，需要通过专业鉴定来确认。医疗机构只有在明显违反了法定的义务，背离了适度检查要求而造成检查显著超量，才可能被认定为过度检查。

二是过度检查与侵权责任。从《民法典》第1227条的规定内容来看，其只是采用禁止性规定的形式规定了医疗机构及其医务人员不得违反诊疗规范实施不必要的检查，并没有规定违反后的侵权责任。这里没有规定并不意味着过度检查不属于侵权。从性质上来讲，过度检查行为在本质上是一种侵权行为，只不过具体侵权内容可能会有所不同，而这种不同也决定了侵权赔偿责任内容的不同。过度检查行为的侵权主要有两种情形，一种是过度检查侵犯了患者的知情同意权，如医务人员在诊疗过程中未尽到说明病情和诊疗措施的义务，直接要求患者进行了多项检查，而实际上有些检查本无必要，并且这些检查导致患者出现了一定的损害后果，此时的过度检查实际上侵害了患者的知情同意权并造成损害，医疗机构应当根据《民法典》第1219条的规定对患者承担赔偿责任。另一种是过度检查并不存在侵犯患者知情同意权的情形，但确实因此造成了患者身体健康权的损害，此时其实就是普通的医疗过错损害赔偿，医疗机构应当根据《民法典》第1219条的规定向患者承担损害赔偿责任。当然从赔偿的角度来看，也可以分为两种情况：一种是过度检查本身并没有造成患者新的人身上的伤害，或者是过度检查本身与患者新的人身伤害的形成并没有因果关系，此时过度检查只是造成了医疗费用的无谓增多，这部分医疗费用应当作为患者的损失由医疗机构进行赔偿。另一种是过度检查导致患者出现了新的人身伤害，如造成了器官功能的明显下降、产生了新的疾病或是原有病情进一步恶化甚至导致死亡。在这种情形下因新的人身伤害而产生的治疗费用依法应当由医疗机构进行赔偿。

上述案例中，白某认为治疗费用明显偏高，可以提起诉讼，并申请对是否存在过度医疗进行专业鉴定。

🏛 政策法律依据

《中华人民共和国民法典》

第一千二百二十七条 医疗机构及其医务人员不得违反诊疗规范实施不必要的检查。

第一千二百一十九条第一款 医务人员在诊疗活动中应当向患者说明病情和医疗措施。需要实施手术、特殊检查、特殊治疗的，医务人员应当及时向患者具体说明医疗风险、替代医疗方案等情况，并取得其明确同意；不能或者不宜向患者说明的，应当向患者的近亲属说明,并取得其明确同意。

96 不配合医疗机构进行传染病检验,需承担什么责任?

疑惑

2020年年初,一场席卷全球的新型冠状病毒肺炎疫情来袭,传播速度快、传播范围广,造成了广泛影响。基于防疫经验的积累,严格管控成为控制疫情的重要措施。为了防止新冠疫情的进一步扩散、加重,各地纷纷展开严格防控措施。黄村村民黄某此前在大城市工作,新冠疫情暴发时该城市成为中高风险地区,黄某为了回家过节从该中高风险区回到黄村。此时,新冠疫情影响较大,大家对新冠疫情的传染力非常担心。回村后,黄某按照村委会的通知进行居家隔离,在居家隔离期间出现了发烧症状。镇里的卫生院得知后立刻要求黄某到医院隔离观察并做检测。黄某不清楚自己是不是感染了新冠肺炎,但一方面担心自己一旦被确诊,就不得不集中隔离、治疗,将与家人分离。另一方面也心存侥幸,觉得自己说不定就是普通感冒,过几天就好了,因此拒绝听从卫生院的通知前往指定医院。请问:黄某的行为是否违法?

第七章　农村医疗问题

解析

传染病的防治关系着国计民生,对人民健康、国家发展至关重要。自古以来,传染病都是让人民、让国家重点关注、重点防控的疾病。面对传染病,每个公民能做的就是配合相关部门的工作,对自己、对家人、对社会负责。一方面,依照我国法律规定,每个单位和个人均须接受相关部门关于传染病的调查、检验、隔离等预防、控制措施,需要提供个人真实的情况。另一方面,对于患有或疑似患有传染病但是拒绝按照相关部门及人员要求进行检疫或者隔离、治疗的,若因过失导致传染病传播,如果情节严重导致危害公共安全,将承担刑事责任。鉴于新型冠状病毒的严重性,最高人民法院、最高人民检察院、公安部、司法部联合发布《关于依法惩治妨害新型冠状病毒感染肺炎疫情防控违法犯罪的意见》,对于新冠肺炎中的抗拒疫情防控措施行为进行了细化解释,对于拒绝隔离治疗或者隔离期未满擅自脱离隔离治疗,并进入公共场所或者公共交通工具的已经确诊的新冠肺炎病人、病原携带者,或者拒绝隔离治疗或者隔离期未满擅自脱离隔离治疗,并进入公共场所或者公共交通工具,造成新型冠状病毒传播的新冠肺炎疑似病人,按照以危险方法危害公共安全罪处罚。对于其他拒绝执行卫生防疫机构依照《传染病防治法》提出的防控措施,引起新型冠状病毒传播或者有传播严重危险的行为,以妨害传染病防治罪定罪处罚。

上述案例中,黄某隔离期间出现发烧症状,属于新冠肺炎的疑似症状，其拒绝进行检验，拒绝执行相关部门的防疫措施，违反了法律要求个人配合传染病防控措施的明确规定，一旦造成严重后果，将面临严重的法律追责。

政策法律依据

《中华人民共和国传染病防治法》

第十二条第一款 在中华人民共和国领域内的一切单位和个人，必须接受疾病预防控制机构、医疗机构有关传染病的调查、检验、采集样本、隔离治疗等预防、控制措施，如实提供有关情况。疾病预防控制机构、医疗机构不得泄露涉及个人隐私的有关信息、资料。

《最高人民法院、最高人民检察院、公安部、司法部关于依法惩治妨害新型冠状病毒感染肺炎疫情防控违法犯罪的意见》

（一）依法严惩抗拒疫情防控措施犯罪。故意传播新型冠状病毒感染肺炎病原体，具有下列情形之一，危害公共安全的，依照刑法第一百一十四条、第一百一十五条第一款的规定，以以危险方法危害公共安全罪定罪处罚：

1.已经确诊的新型冠状病毒感染肺炎病人、病原携带者，拒绝隔离治疗或者隔离期未满擅自脱离隔离治疗，并进入公共场所或者公共交通工具的；

2.新型冠状病毒感染肺炎疑似病人拒绝隔离治疗或者隔离期未满擅自脱离隔离治疗，并进入公共场所或者公共交通工具，造成新型冠状病毒传播的。

第七章　农村医疗问题

其他拒绝执行卫生防疫机构依照传染病防治法提出的防控措施,引起新型冠状病毒传播或者有传播严重危险的,依照刑法第三百三十条的规定,以妨害传染病防治罪定罪处罚。

《最高人民法院、最高人民检察院关于办理妨害预防、控制突发传染病疫情等灾害的刑事案件具体应用法律若干问题的解释》

第一条　故意传播突发传染病病原体,危害公共安全的,依照刑法第一百一十四条、第一百一十五条第一款的规定,按照以危险方法危害公共安全罪定罪处罚。

患有突发传染病或者疑似突发传染病而拒绝接受检疫、强制隔离或者治疗,过失造成传染病传播,情节严重,危害公共安全的,依照刑法第一百一十五条第二款的规定,按照过失以危险方法危害公共安全罪定罪处罚。

CHAPTER
8

第八章

农村特殊群体保护

97 农村留守儿童教育问题

疑惑

王某和李某夫妇都是农民,一直以务农为生,为了改善生活条件,为孩子小王创造更好的经济条件,小王3岁时,二人选择到城里打工。但由于在城里买不起房,无法将小王和父母接到城里一起居住,只能把小王留在农村和爷爷奶奶一同生活。转眼间,小王在村小学上了一年级,但因为爷爷奶奶没有文化,无法辅导小王功课,小王逐渐对学习失去了信心,不仅逃学,还经常和同学打架,学校认为小王不听从学校管教,找到小王的父母,表示学校决定开除小王,王某和李某则认为教育孩子是学校的责任。请问:学校能否开除小王?小王父母是否有教育小王的义务?

解析

近年来,随着我国经济社会发展和工业化、城镇化进程推进,一些地方农村劳动力为改善家庭经济状况、寻求更好发展,走出家乡务工、创业,但受工作不稳定和居住、教育、照料等客观条件限制,有的选择将未成年子女留在家乡交由他人监护照料,导致大量农村留守儿童出现。农村劳动力外出务工为我国经济建设作出了积极贡献,对改善自身家庭经济状况起到了重要作用,客观上为子女的教育和成长创造了一定的物质基础和条件,但也导致部分儿童与父母长期分离,缺乏亲情关爱和有效监护,出现心理健康问题甚至极端行为,遭受意外伤害甚至不法侵害。这些问题严重影响儿童健康成长,影响社会和谐稳定,各方高度关注,社会反响强烈。农村留守儿童的教育问题由来已久,各级政府及社会各界也采取了多种举措解决留守儿童群体中出现的问题。但是,相较于外界的努力,留守儿童家长教育责任模糊及教育意识不清晰是根本问题。留守儿童家长重视从经济层面为孩子提供良好的学习条件,却忽视了孩子成长中亲情陪伴的重要性及家长应该承担的教育责任。这个问题的改善,不仅需要提高农村留守儿童家长的家庭教育水平,还需要强化家庭教育中父母作为监护人的责任意识和法律意识。《家庭教育促进法》于2022年1月1日起施行,法律明确未成年人的父母或者其他监护人负责实施家庭教育。同时要求国家和社会为家庭教育提供指导、支持和服务,各级政府均有指导家庭教育的职责。对于留守儿童、困境儿童等,要通过生活帮扶、创业就业支持等服务为其父母或者其他监护人实施家庭教育创造条件,儿童福利机构、未成年人救助保护机构应当对本机构内的未成年人的父母或者其他监护人提供家庭教育指导。

我国实行九年制义务教育,在九年义务教育期间学校不可以开除学生,如学生严重违反校规校纪,只能进行批评教育工作,让其认识错误进行改正。义务教育是国家统一实施的所有适龄儿童、少年必须接受的教育,是国家必须予以保障的公益性事业。义务教育质量事关亿万少年儿童健康成长,事关国家发展,事关民族未来。

上述案例中,学校不得开除小王。小王的父母对小王有教育义务。

🏛 政策法律依据

《中华人民共和国义务教育法》

第一条 为了保障适龄儿童、少年接受义务教育的权利,保证义务教育的实施,提高全民族素质,根据宪法和教育法,制定本法。

第二条 国家实行九年义务教育制度。

义务教育是国家统一实施的所有适龄儿童、少年必须接受的教育,是国家必须予以保障的公益性事业。

实施义务教育,不收学费、杂费。

国家建立义务教育经费保障机制,保证义务教育制度实施。

第四条 凡具有中华人民共和国国籍的适龄儿童、少年,不分性别、民族、种族、家庭财产状况、宗教信仰等,依法享有平等接受义务教育的权利,并履行接受义务教育的义务。

《中华人民共和国家庭教育促进法》

第二条 本法所称家庭教育,是指父母或者其他监护人为促进未成年人全面健康成长,对其实施的道德品质、身体素质、生活技能、文化修养、行为习惯等方面的培育、引导和影响。

第三条 家庭教育以立德树人为根本任务,培育和践行社会主义核心价值观,弘扬中华民族优秀传统文化、革命文化、社会主义先进文化,促进未成年人健康成长。

第四条 未成年人的父母或者其他监护人负责实施家庭教育。

国家和社会为家庭教育提供指导、支持和服务。

国家工作人员应当带头树立良好家风，履行家庭教育责任。

第十四条第一款 父母或者其他监护人应当树立家庭是第一个课堂、家长是第一任老师的责任意识，承担对未成年人实施家庭教育的主体责任，用正确思想、方法和行为教育未成年人养成良好思想、品行和习惯。

98 父母打骂管教是否属于家庭暴力？

疑惑

王某与李某系再婚夫妻，王某和前妻有一个儿子小王，今年6岁。王某长期在外打工，留李某在农村老家照顾年迈的父母和年幼的儿子，但小王非常淘气，不听从继母李某的管教还经常在村子里闯祸，李某逐渐失去说教的耐心，开始用殴打、辱骂等方式对小王进行"管教"，但小王性格也越来越叛逆。有一天，李某在教育小王时，小王不仅顶嘴，还推搡了已经怀孕的李某，李某一气之下对小王拳打脚踢。请问：李某长期的打骂管教是否属于家庭暴力？暴力管教违法吗？

第八章 农村特殊群体保护

解析

以管教为目的打孩子,情节严重的也属于家庭暴力。家庭暴力,是指家庭成员之间以殴打、捆绑、残害、限制人身自由以及经常性谩骂、恐吓等方式实施的身体、精神等侵害行为。《反家庭暴力法》第12条针对暴力管教孩子的行为进行了专门规定:未成年人的监护人应当以文明的方式进行家庭教育,依法履行监护和教育职责,不得实施家庭暴力。

严重的家庭暴力会构成《刑法》中的虐待罪、故意伤害罪、故意杀人罪、侮辱罪等。其中,家庭暴力实施者对共同生活的家庭成员经常以打骂、捆绑、冻饿、强迫超体力劳动、限制自由等方式,从肉体、精神上摧残、折磨,情节恶劣的,构成"虐待罪",应处2年以下有期徒刑,拘役或者管制;如果引起被害人重伤、死亡的,处2年以上7年以下有期徒刑。

家庭暴力实施者使用暴力公然贬低其他家庭成员人格,破坏其名誉,情节严重的,构成侮辱罪,应处3年以下有期徒刑、管制或剥夺政治权利。家庭暴力实施者故意非法损害他人身体健康的,构成故意伤害罪,如果致人重伤造成严重残疾或致人死亡的,按照《刑法》最高刑可判处死刑。

政策法律依据

《中华人民共和国反家庭暴力法》

第二条　本法所称家庭暴力,是指家庭成员之间以殴打、捆绑、残害、限制人身自由以及经常性谩骂、恐吓等方式实施的身体、精神等侵害行为。

第三条　家庭成员之间应当互相帮助,互相关爱,和睦相处,履行家庭义务。

反家庭暴力是国家、社会和每个家庭的共同责任。

国家禁止任何形式的家庭暴力。

第十二条　未成年人的监护人应当以文明的方式进行家庭教育,依法履行监护和教育职责,不得实施家庭暴力。

《中华人民共和国刑法》

第二百六十条　虐待家庭成员,情节恶劣的,处二年以下有期徒刑、拘役或者管制。

犯前款罪,致使被害人重伤、死亡的,处二年以上七年以下有期徒刑。

第一款罪,告诉的才处理,但被害人没有能力告诉,或者因受到强制、威吓无法告诉的除外。

第八章 农村特殊群体保护

99 "黄昏恋"小心变成"黄昏骗"

疑惑

徐大爷已年过八旬,自从老伴儿多年前去世,他就成了独居老人。近几年,农村老家的宅基地拆迁,不仅"上了楼"改善了生活条件,手里也有了些闲钱。但子女们忙于工作、生活,自己身边无人照料,徐大爷常常倍感孤独。一天早上,他像往常一样独自去村里的农贸市场买菜,迎面遇上一个主动前来搭讪并打听租房的妇女。一口地道的本地方言让徐大爷顿时放下了戒心,与来人热情攀谈起来。来搭讪的女子姓李,65岁,看上去老实本分的样子。两人越聊越投缘,徐大爷以为自己撞上了"桃花运"。李某便趁机自荐,说自己曾经是个保姆,照顾老年人的经验十分丰富,如果徐大爷不介意,自己可以做"老伴"来照顾他。当天,徐大爷毫不怀疑地带着李某回了家。到家后的李某表现得非常勤快,打扫屋子、洗衣服等家务都得心应手,徐大爷十分满意。简单地帮徐大爷收拾了住处后,李某突然开始哭诉,谎称自己需要补缴社保,手头还差6万元,需要把钱缴清了才能搬过来一起住。徐大爷信以为真,便答应一同前往银行取钱。拿到钱后,李某还陪着徐大爷去附近的卫生院配了药,回家后做好了热乎的午饭。当天吃完午饭后,李某提出,让徐大爷在家休息,自己出门溜达会儿,晚上就回来做晚饭。徐大爷没有怀疑,结果直到当天晚

263

上6时,还是没等来李某的身影。徐大爷这才回过神来意识到自己被骗了,并在子女的陪同下报了警。请问:李某是否构成犯罪?

解析

养老一直都是全社会共同关注的话题。但老年人因防范意识薄弱、辨别能力不强、法律知识不足,已经成为犯罪分子狩猎诈骗目标的"重灾区"。而以"养老方式"进行概念炒作、虚假宣传、设置陷阱又是诈骗老年人钱财中最常见、最突出的犯罪手段之一。上述案例是典型的以婚恋为名实施诈骗的案件,犯罪分子瞄准丧偶或子女不在身边的独居老人打"亲情牌",在骗取老年人的信任后,进而骗取老年人的积蓄。

上述案例中,李某以照顾徐大爷和"婚恋"为由骗取财产,涉嫌构成诈骗罪。

政策法律依据

《中华人民共和国刑法》

第二百六十六条 诈骗公私财物,数额较大的,处三年以下有期徒刑、拘役或者管制,并处或者单处罚金;数额巨大或者有其他严重情节的,处三年以上十年以下有期徒刑,并处罚金;数额特别巨大或者有其他特别严重情节的,处十年以上有期徒刑或者无期徒刑,并处罚金或者没收财产。本法另有规定的,依照规定。

100 常见养老诈骗骗局

疑惑

杨某曾是宁波某保险公司的员工。2013年，杨某告诉邻居李大妈，自己公司推出了一款投资理财产品，风险小、收益高，但只能以员工名义才能投资，并有业绩考核要求，希望李大妈能帮忙冲冲业绩。经不住杨某的软磨硬泡和金钱诱惑，李大妈拿出2万元进行了投资，杨某则出具了盖有保险公司印章的保险投保单和银行存款凭条。一开始，杨某都准时支付了利息，而且利息比银行高很多。面对越来越高的月息，也基于对邻居的信任，尝到"甜头"的李大妈在之后几年的时间里陆陆续续追加投资，金额高达250万元。直到2020年10月，迟迟没有收到月息的李大妈到宁波某保险公司咨询，这才发现杨某早已从保险公司离职。而她向李大妈所承诺的"理财项目"则完全是虚构的，其提供的盖有"某保险公司保险费收据专用章"的银行存单和保险投保单也是伪造的。意识到自己可能上当受骗的李大妈报了警。经调查，被骗的不止李大妈一个人，还有多名老人也被杨某鼓动参与了这个"理财项目"。请问：常见的养老骗局有哪些？

解析

1."保健品"骗局:不法分子打着"听课免费送礼品"的幌子,吸引老年人到其租用的场地中听取"养生讲座",宣传公司的养生"保健品""药品"等。宣称产品强身健体、偏方有奇效,诱骗老年人购买价格虚高的产品或是伪劣产品,骗取钱财甚至危害人身健康。

2."以房养老"骗局:不法分子会以"房本在家无用"等为由,称房产抵押后每个月可获取高额利润,同时不会影响老年人自住或租住,诱导老年人将房产抵押给公司,再借助诉讼、仲裁、公证或者暴力、威胁以及其他手段非法占有老年人房屋。

3."中奖"骗局:不法分子会以"品牌活动""公司周年庆"等理由,向老年人宣称免费送礼物但需要交个人所得税,或是提供免费旅游服务但需要预交高额费用,欺骗老年人转账。

4."投资养老"骗局:诈骗分子以投资"养老公寓"、酒店等相关养老项目为由,编造虚假文件,利用老年人信息闭塞的特点骗取信任,承诺给予高额回报、售后定期返点、提供养老服务,引诱老年群众加盟投资、加大投入、拉人投资。

5.冒充亲友:诈骗分子通过各种渠道获取老年人的个人信息及通讯录信息,打着急需用钱的幌子(如子女住院、车祸等),利用老年人的紧张心理,让受害人向指定账户转账。

6."公检法"来电:诈骗分子冒充公检法工作人员,打电话编造名下银行卡涉嫌洗钱或账户资金异常等情况,利用老年人的恐慌心理,要求老年人将名下账户所有钱款转到所谓的"安全账户"。

🏛 温馨提示

养老诈骗的底层逻辑并不复杂。骗子为了达到目的,打着关爱老年人的幌子,对老年人嘘寒问暖,再施以小恩小惠。不少老年人被骗子"洗脑"后瞬间破防,辛劳一生的积蓄一夜之间"清零",身心和家庭皆受重击。所以只要老人增强防范意识,提升防范能力,就可以有效避免"养老诈骗"。一是保管好自己的身份证件,不要随意透露个人信息,不要在不正规网站上填写自己的身份信息、银行账户、家庭成员等信息。二是通过正规途径购买商品,并对商家和商品的资质进行认真检查。不要轻信传单、小广告、推销人员的宣传,遇到健康问题要去正规医疗机构就医,遵从医嘱服用药物。三是对来历不明、资质不详的养老服务、健康讲座、免费体检等活动保持警惕,不轻信宣传。对于中奖消息保持清醒头脑,不贪图蝇头小利。四是不轻信"高收益、低风险"的宣传,不轻易涉足自己不了解的投资领域,千万不要一时冲动做决策。五是多关注新闻媒体及社区宣传栏,提升对养老诈骗各种手段的识别能力。在收到自称亲朋好友或公检法人员电话时,要第一时间核实身份,无法核实时及时报警求助。